KiWi
1836

Warum dieses Buch jetzt?

Anfang 2022 kündigte die Regierung als eines ihrer ersten Gesetzes-vorhaben die in der Tat überfällige Reform des Transsexuellengesetzes an. Doch gleichzeitig mit der Abschaffung diskriminierender Vorschriften wird mit der Reform ein Paradigmenwechsel eingeläutet, der gefährlich ist. Laut geplantem »Selbstbestimmungsgesetz« sollen Jugendliche ab 14 Jahren ihr Geschlecht durch eine einfache Erklärung auf dem Standesamt ändern können. Gab es eine öffentliche Debatte, wie sie so einem folgenreichen Gesetzesvorhaben vorausgehen sollte? Nein. Das Ziel dieses Sammelbandes ist darum Information. Die Aufklärung über einerseits den Unterschied zwischen einem schwerwiegenden, psychischen Konflikt aufgrund der tiefen Überzeugung, im falschen Körper zu leben, und andererseits dem aktuellen Trend, bereits eine Geschlechterrollen-Irritation für »Transsexualismus« zu halten. Wir Herausgeberinnen begrüßen den seit 40 Jahren möglichen rechtlichen und medizinischen Beistand bei diagnostizierter »Geschlechtsdysphorie« – wir melden aber humanitäre und politische Bedenken an zu dem aktuellen Trend, schon einfache Geschlechtsrollen-Irritationen mit schwerwiegenden Hormonbehandlungen und Operationen zu behandeln. Bedroht davon sind vor allem junge Frauen. Nicht zufällig hat sich die Richtung der »Transition« in den letzten Jahrzehnten statistisch umgekehrt: Auf einen sich für „transsexuell" haltenden Jungen kommen heute etwa zehn Mädchen, die Männer werden wollen. Doch statt die Mädchen zu ermutigen, aus dem starren Rollenkorsett auszubrechen, wird das biologische Geschlecht zu voreilig der Genderrolle angepasst. In unserem Sammelband melden sich Psychiater-Innen, TherapeutInnen, PädagogInnen und Eltern jugendlicher Betroffener zu Wort – und natürlich Betroffene selbst.

Die Autorinnen

Alice Schwarzer ist die Herausgeberin der EMMA und Autorin zahlreicher Bücher. Zuletzt erschien 2020 »Lebenswerk«, der zweite Band ihrer Lebenserinnerungen.

Chantal Louis ist seit 1994 Redakteurin bei EMMA. 2015 erschien von ihr »Ommas Glück/Das Leben meiner Großmutter in ihrer Demenz-WG«.

TRANS-
SEXUALITÄT

Was ist eine Frau?
Was ist ein Mann?

Eine Streitschrift

Hrsg. von Alice Schwarzer
und Chantal Louis

Kiepenheuer & Witsch

FSC
www.fsc.org
MIX
Papier aus verantwor-
tungsvollen Quellen
FSC® C014496

1. Auflage 2022

INHALT

Transsexuelle über sich

Über Transsexualität

Ein Blick zurück

Transsexualität und Rollenirritation

Alice Schwarzer

Es muss im Spätherbst 1975 gewesen sein. Damals begegnete ich zum ersten Mal einem transsexuellen Menschen. Er fühlte sich als Frau, steckte jedoch in einem Männerkörper. Sein Leidensdruck war groß. Er war entschlossen, es durchzuziehen. Zwei, drei Jahre später ließ er die damals in Deutschland noch hochumstrittene operative Geschlechtsumwandlung vornehmen, in Casablanca. Seither engagierte sie sich als Anwältin für die Rechte sexueller Minderheiten.

Mich beschäftigte diese Begegnung lange. Ich hatte gerade das Buch »Der kleine Unterschied und seine großen Folgen« veröffentlicht, dessen Kernthese die Grunderkenntnis ist: Der Mensch ist frei geboren, und die »männliche« bzw. »weibliche« Geschlechterrolle ist nicht angeboren, sondern anerzogen. Sie ist konstruiert, wie man heute sagen würde. Dasselbe gilt für die Hetero- bzw. Homosexualität des sexuell »polymorphen« (Freud) Menschen. Unsere Sexualität ist ursprünglich nicht objektfixiert und bleibt lebenslang variabel.

Eine Feministin wie ich plädierte also damals wie heute für die Befreiung der Menschen von den Geschlechterrollen und für die Entfaltung des Individuums je nach Begabung, Interessen und Möglichkeiten, jenseits der Zuweisung der Geschlechterrollen.

Nun aber traf ich auf Menschen – es blieb nicht bei dem/

der einen –, die nicht das soziale Geschlecht infrage stellten, sondern ihr biologisches. Sie identifizierten sich mit der von ihnen »gefühlten« Geschlechterrolle und sehnten sich nach dem dazu passenden Körper. Ihre Seele ist also stärker als ihr Körper. Das treibt mich bis heute um. Auch interessiert mich die doppelte Prägung der Transsexuellen: ihre realen Erfahrungen in ihrem früheren Geburtsgeschlecht plus der Erfahrungen im heutigen Wunschgeschlecht – und welche Schlüsse sie daraus ziehen.

Wäre 1977 nicht die Gründung der *EMMA* dazwischengekommen, wäre es in einem auf den »Kleinen Unterschied« folgenden Buch um Transsexualität gegangen. Das hätte damals allerdings kaum jemanden interessiert, außer den Betroffenen. Ich bin seither an dem Thema geblieben. Ab 1984 erhielten Transsexuelle beider Provenienzen in *EMMA* immer wieder eine Stimme, oder ich lud sie und Experten zum Beispiel in meine Live-Talkshow Anfang der 1990er-Jahre im HR ein und unterstützte ihre Anliegen.

Zu der Zeit waren die Begriffe Sex und Gender nur Eingeweihten vertraut. Sie wurden in den 1950er-Jahren in den USA von fortschrittlichen Sexualwissenschaftlern geprägt, allen voran Robert Stoller und John Money, beide unter anderem auch führende Forscher zur Transsexualität. Sex steht dabei für das biologische, Gender für das soziale Geschlecht. Feministinnen haben diese Unterscheidung zu allen Zeiten gemacht und darauf hingewiesen, dass das biologische Geschlecht nur ein Anlass sei für die Zuweisung der sozialen Geschlechterrolle.

»Die Frau wird frei geboren und bleibt dem Manne gleich in allen Rechten«, erklärte Olympe de Gouges (1748–1793) Ende des 18. Jahrhunderts. »Menschenrechte haben kein Geschlecht«, schrieb die deutsche Frauenrechtlerin Hedwig Dohm (1831–1919) im 19. Jahrhundert. »Man wird nicht als Frau geboren, man wird es«, konstatierte Simone de Beauvoir (1908–1986) Mitte des 20. Jahrhunderts. Diese, wie ich, universalistischen Feministinnen hatten sich allerdings nicht träumen lassen, dass ihr Credo eines Tages in einer fundamentalen Leugnung auch des *biologischen* Geschlechtes münden würde. Wie zum Beispiel bei Judith Butler (»Gendertrouble«). Im Namen des Feminismus.

1981 erließ Deutschland als zweites Land der Welt, nach Schweden, ein Gesetz, das bei der medizinischen Diagnose Transsexualität den Personenstandswechsel und auch die hormonelle und operative Angleichung an das andere Geschlecht legalisiert – dies allerdings erst nach sorgfältiger psychiatrischer und medizinischer Prüfung bzw. Beratung sowie einer Fristenregelung: Der Wunsch nach dem Geschlechterwechsel müsse »seit mindestens drei Jahren« bestehen. Das war damals sehr fortschrittlich. Deutschlandweit war 1991 davon die extreme Minderheit von ca. 1100 registrierten Transsexuellen betroffen (das belegte die sexualwissenschaftliche Erhebung »Betrachtungen über zehn Jahre Transsexuellengesetz« von Susanne Osburg und Cordula Weitze, erschienen in »Recht & Psychiatrie« 3/1993), also ganze 0,002 Prozent der Bevölkerung im Alter über 25. Und auf eine Frau, die ein Mann werden wollte, kamen noch Ende der 1960er Jahre 14 Männer, die eine Frau werden wollten (das konstatierte bei seinen Patienten der damals führende Sexualwissenschaftler Hans Giese, Leiter des »Instituts für Sexualforschung« an der Uniklinik Hamburg). Einige dieser neuen Frauen waren Feministinnen und klopften nun an die Türen der Frauenzentren. Doch die waren in der Regel für sie verschlossen. Denn die Mehrheit der Feministinnen war der Auffassung, Transfrauen seien keine »richtigen« Frauen und hätten in Frauenräumen nichts zu suchen. Ich fand das »biologistisch« und solidarisierte mich mit den Transfrauen, »meinen Schwestern«, wie ich 1984 schrieb. »Der Transsexualismus scheint mir der dramatischste Konflikt überhaupt, in den ein Mensch auf dem Weg zum ›Mannsein‹ bzw. ›Frausein‹ in einer sexistischen Welt geraten kann«, argumentierte ich. »In diesem Konflikt haben die Transsexuellen selbst keine Wahlmöglichkeit mehr: Ihr Hass auf den ›falschen‹ Körper ist weder durch Argumente noch durch Therapien zu lösen. Transsexuelle sind zwischen die Räder des Rollenzwangs geraten.«

Doch ich fügte auch hinzu: »In einer vom Terror der Geschlechterrollen befreiten Gesellschaft wäre Transsexualismus schlicht nicht denkbar.«

Das war vor fast 40 Jahren. Da ahnte ich nicht, welche problematische Entwicklung das Phänomen eines Tages nehmen würde. Nämlich, dass Transsexualität nicht mehr als schwerer seelischer Konflikt einiger weniger begriffen würde – denen selbstverständlich Verständnis und Hilfe zusteht und deren jahrzehntelange Diskriminierung unbedingt zu überwinden ist –, sondern zunehmend einfach als Weg, sich für die vermeintlich »falsche« Geschlechterrolle einfach den »passenden« Körper zu suchen. Es war damals unvorstellbar, dass unangepassten jungen Mädchen leichtfertig suggeriert würde: Ihr müsst nur den passenden Körper zu eurer seelischen Befindlichkeit haben. Statt ihnen zu sagen: Du kannst ein Mädchen sein, das für Mathematik brennt, gerne Fußball spielt oder sich in seine beste Freundin verliebt – und trotzdem einen weiblichen Körper haben. Das passt.

Inzwischen sind die Trans-Zahlen explodiert. Trans ist Trend. Immer mehr Mädchen und junge Frauen geraten in den Gendertrouble. Sie halten ihr so berechtigtes Unbehagen an der zunehmend widersprüchlich werdenden Frauenrolle für »transsexuell«. Was laut Transaktivisten und dem geplanten Gesetz nicht hinterfragt werden darf. Das sei »transphob«. In manchen Schulklassen sitzen heute vier bis fünf Mädchen, die von sich behaupten, transsexuell zu sein. In ihrem Beitrag schlüsselt meine Co-Herausgeberin Chantal Louis auf, dass die Zahl der medizinisch aktenkundigen jugendlichen Transsexuellen sich innerhalb weniger Jahre in der ganzen westlichen Welt um den Faktor 40 gesteigert hat, also um 4000 Prozent. Vor allem aber: wie sich das Geschlechterverhältnis verkehrt hat. Kamen früher laut sexualwissenschaftlicher Studien auf ein Mädchen etwa vier Jungen, die das Geschlecht wechseln wollten, sind es heute etwa zehn Mädchen auf einen Jungen, die sich im »falschen Körper« fühlen.

Der deutsche Sexualwissenschaftler und Psychiater Prof. Friedemann Pfäfflin war über Jahrzehnte einer der international führenden Trans-Experten. Er hat in seinem Leben nach eigenen Angaben »rund 3000 Transmenschen begutachtet und behandelt«, den ersten 1971 am Hamburger Institut für Sexualforschung. Von da ging er zeitweise an das neu gegründete »Gender Identity Institut« in Baltimore, wo er u. a. mit dem Sexualforscher John Money (Autor des Klassikers »Männlich – Weiblich«) arbeitete, und sodann zurück nach Hamburg. Pfäfflin erinnert sich jetzt in einem Gespräch mit mir: »Unsere Haltung war so: Man hat versucht zu verstehen und unterstützt, aber nicht bestärkt. Doch das hat sich total geändert.« Pfäfflin besorgt: »Heute erklären schon Achtjährige, nach Blick in ihr Smartphone, sie seien ›transsexuell‹.« Transsexualität aber sei »ein schwerer seelischer Konflikt«, warnt der Arzt und Sexualforscher, und müsse entsprechend ernst genommen und behandelt werden. »Doch heute genügt schon der Wunsch nach Transition, genügt ein ›Gefühl des Unbehagens‹ mit der Geschlechterrolle. Das ist extrem leichtfertig.« Das ist, wie wenn wir jede Trauer und Melancholie immer sofort gleichsetzen würden mit einer klinischen Depression.

Könnte in Zeiten der zunehmenden sexuellen Toleranz jedoch die Zahl der Transsexuellen, die einen ernsthaften seelischen Konflikt haben und sich dazu bekennen, gestiegen sein? Mag sein. Doch selbst wenn sich diese Zahl in den vergangenen 30 Jahren verzehnfacht hätte (also 11000 statt 1100), stünde die aktuelle Entwicklung dazu in keinem Verhältnis.

Vor allem: Es ließe sich auch umgekehrt argumentieren. In Zeiten der Dekonstruktion der Geschlechterrollen und Akzeptanz der Diversität sexueller Orientierungen könnte bei einer gefühlten Kluft zwischen Geburtsgeschlecht und traditioneller Geschlechterrolle der Druck sinken, sich im »falschen Körper« zu fühlen. Denn der Spielraum, sich unabhängig vom biologischen Geschlecht Eigenschaften und Freiheiten des »anderen« Geschlechts zuzugestehen, die kulturell als »männlich« bzw. »weiblich« konnotiert sind, ist größer geworden.

Zu dieser neuen Freiheit der Queer-Bewegung steht der Trend zur Transsexualität allerdings in einem unlogischen Gegensatz. Während Queer-AktivistInnen die Binarität der Geschlechter infrage stellen und für ein Konzept der fluiden Geschlechtsidentität plädieren, gehen Trans-AktivistIr nen von einer binären Zwei-Geschlechter-Ordnung aus und stellen die Frage: Bist du (»in Wahrheit«) eine Frau oder ein Mann? Du musst dich entscheiden!

Nur der Mensch selbst kenne seine »wahre Geschlechtsidentität«, heißt es bei den Befürwortern der »Selbstbestimmung«. Darum könne auch nur er allein bestimmen, welches »Geschlecht« er wirklich habe. Und dieses Recht soll nun Gesetz werden.

Alles sehr widersprüchlich? Allerdings. Denn das würde bedeuten: Das subjektiv empfundene soziale Geschlecht sei quasi angeboren und das biologische Geschlecht müsse ihm angepasst werden. Wie absurd! Das würde ja voraussetzen, dass die *sozialen* Geschlechterrollen irreversibel sind. Eine Auffassung, die in diametralem Gegensatz zum Feminismus und einer queeren, fluiden menschlichen Sexualität bzw. Identität steht.

Wir Feministinnen und andere Fortschrittliche treten für genau das Gegenteil ein: dafür, dass das biologische Geschlecht zwar existiert, aber keine den Menschen definierende Rolle spielen dürfe (Frauen können Kinder bekommen, sind aber deswegen noch lange keine geborenen Mütter), dass die kulturellen Kategorien »Männlich« und »Weiblich« also dekonstruiert werden müssten. Und dass selbstverständlich auch die kulturelle »Zwangsheterosexualität« (Ferenczi) infrage gestellt werden müsse, denn sie ist ja das Fundament des »Sexmonopols« von Männern über Frauen. Mit den bekannten Folgen: Frauen arbeiten »aus Liebe« unterbezahlt oder umsonst; sie geben »aus Liebe« ihren Namen auf und so manches Mal sogar ihr ganzes Leben. Deshalb müssten beide Kategorien, »Männlich/Weiblich« und »Hetero-/Homosexualität«, dekonstruiert werden. Nichts anderes ist die zentrale These meines 1975 erschienenen »Kleinen Unterschied«.

Wie aber konnte es dazu kommen, dass das alles nun auf den Kopf gestellt wird? Und das auch noch im Namen des Feminismus.

Jetzt stürmen vor allem junge Mädchen die Trans-Praxen. Ihnen suggeriert der Zeitgeist, die Flucht ins Mannsein sei *die* Lösung: gegen die Einengung und Zumutung des Frauseins in einer patriarchalen Welt. Sie zwängen sich damit jedoch nur von einer Schublade in die andere. Statt auszubrechen aus der Schublade!

Doch das scheint im 21. Jahrhundert schwerer zu sein als im 20. Vor 50 Jahren war es nicht nur für Feministinnen klar, dass man die Zumutungen der »Frauenrolle« (bzw. »Männerrolle«) zurückweisen müsse. Jetzt wird im Namen des Feminismus zwar weiterhin propagiert »Du kannst alles!«, aber auch wieder: Du musst verführerisch sein, schlank, schön, sexy. Die frohe Botschaft schallt aus der Werbung und den Medien, wird von Influencerinnen und Stars verkörpert.

»Wir erleben gerade die vermutlich schlimmste Krise mit Blick auf die psychische Gesundheit von jungen Menschen«, konstatiert die US-Journalistin Abigail Shrier in ihrem Buch »Irreversible Damage«: »Wir stellen die höchsten Angst- und Depressionsraten fest, die je gemessen wurden.« Immer mehr Mädchen, schreibt sie, »hassen extrem ihren Körper« und kommen zu dem Schluss, dass sie »eigentlich ein Junge und kein Mädchen« seien. Doch statt die Geschlechternormen zu bekämpfen, sollen diese »unweiblichen« Mädchen einfach in einen zur Rolle »passenden« Körper gestopft werden. Statt nach den Gründen zu fragen, warum so ein Mädchen kein Mädchen mehr sein will. Es kann ein allgemeiner Widerstand gegen die immer noch einengende Frauenrolle sein und der Wunsch nach »männlichen« Freiheiten. Es kann auch die Erfahrung sexueller Gewalt sein und der Wunsch, diesem missbrauchten Körper zu entfliehen. Es müssen auf jeden Fall die Gründe für das Unbehagen am angeborenen Geschlecht erkundet werden, um helfen zu können. Hormone und Messer dürfen nicht die schematische Lösung sein.

Der Münchner Jugendpsychiater Dr. Alexander Korte vermutet in der »Transideologie« sogar ein regelrechtes »Homosexualitäts-Verhinderungs-Programm«. Der Wechsel eines Tomboys, also eines »burschikosen« Mädchens in das andere Geschlecht, mache in so manchem Fall aus einem eigentlich lesbischen Mädchen einen heterosexuellen Jungen, sagte er im Gespräch mit *EMMA*.

Und die Minderheit der Transfrauen, also der Männer, die Frauen geworden sind? Viele halten sich raus aus der öffentlichen politischen Debatte und leben einfach ihr neues Leben. Andere sind solidarisch mit uns kritischen Feministinnen. Aber eine lautstarke Minderheit der Transfrauen setzt ihre neue Identität aggressiv gegen die Interessen biologischer Frauen. Auf deren Rolle geht Chantal Louis in ihrem Beitrag »Das Verschwinden der Frauen« ein. Ebenso auf die fatale Haltung von Judith Butler, die jüngst jegliche Kritik an dem neuen Transtrend als »faschistisch« geißelte (Butler im Interview im *Guardian* am 7.9.2021).

Und die Transmänner, also geborenen Frauen? Unter ihnen gibt es ebenfalls eine ideologisierte Minderheit, die Frauen verbieten will, sich weiterhin als »Frauen« zu bezeichnen – und damit tatsächlich Erfolg hat. Diese

Transmänner, die sich nicht haben operieren lassen, also ggf. noch menstruieren, »verstehen« sich nicht mehr als »Frauen« und fühlen sich darum nun bei dem Begriff Frau ausgeschlossen. Wir Frauen sollen darum nicht mehr von »Frauen«, sondern zum Beispiel von »Menschen, die menstruieren« sprechen. Kein Witz. Das wird schon so praktiziert. Auch in der Werbung oder in Amtstexten.

Diese Transmänner sagen das in einer Welt, in der das Frausein nicht nur einschneidend ist für das Leben jeder einzelnen Frau, sondern sie auch das Leben kosten kann, Stichwort Femizid oder sogenannte »Ehrenmorde«. Dabei spielt es keine Rolle, wie diese Frau sich jeweils »selbst definiert«.

Alle, die es weiterhin wagen, von einem real existierenden biologischen Geschlecht sowie der sozialen »Kaste« Frauen zu sprechen, werden von diesen FanatikerInnen als »Terf« diffamiert (Transexclusionary Radical Feminist – Trans-ausschließende radikale Feministin). Zunehmend werden gegen diese angeblichen »Trans-Hasserinnen« orchestrierte Hetzkampagnen lanciert – wie im Fall der Schriftstellerin J. K. Rowling und der Philosophin Kathleen Stock (oder auch durchaus in meinem persönlichen Fall) –, was für die Betroffenen regelrecht existenzbedrohend werden kann. Diese IdeologInnen versuchen, ein Sprechverbot zu erzwingen, nach dem Frauen nicht mehr vorkommen, sondern unter dem Kürzel »Flinta« (Frauen, Lesben, Inter, Nichtbinäre, Trans- und Agender-Personen) subsumiert, also unsichtbar werden. Eine sprachliche Verschleierung. Wobei auffällt: Die Kategorie »Mann« bleibt von alldem unberührt. In diesem Neusprech gibt es die »Diversen« (u. a. Frauen) – und die »Männer«.

Wäre das alles nicht so gefährlich und reaktionär, wäre

es komisch. Doch längst hat diese in so manchen Gender-Seminaren entstandene Ideologie auch Eingang in die Politik gefunden. So plädieren Grüne und FDP seit Jahren für ein »Selbstbestimmungsgesetz«, nach dem Mädchen und Jungen bereits ab dem Alter von 14 (!) Jahren ihr »wahres Geschlecht« selbst bestimmen können sollen: indem sie via »Sprechakt« – und ggf. auch ohne Zustimmung der Eltern – ihren Personenstand ändern. Diesem Schritt folgen oft lebenslange Hormongaben und schwere operative Eingriffe. Gesunde Körper werden so verstümmelt und lebenslang krank gemacht. Qui en profite? Gewisse Therapeuten, Ärzte und Teile der Pharmaindustrie.

Allen voran propagieren die Grünen eine quasi unbegrenzte »Toleranz« in der Transpolitik. Doch bei näherem Hinsehen entpuppt die sich als Auslieferung von Jugendlichen und Frauen. Es wäre nicht das erste Mal, dass die Grünen sich in der Sexualpolitik verrennen. In den 80er- und 90er-Jahren wollten sie im Namen der sexuellen Freiheit und Selbstbestimmung die Sexualität Erwachsener mit Kindern entkriminalisieren. Und als Feministinnen wie ich sich dagegenstellten und Täter und Opfer benannten, wurden wir als prüde, rückschrittlich und des »Missbrauchs vom Missbrauch« bezichtigt.

Jetzt, wo wir auf die ungeheuren Gefahren einer geschlechtlichen »Selbstbestimmung« gerade für Kinder und Jugendliche aufmerksam machen, werden wir als »transfeindlich« diffamiert. Diese Art scheintoleranter Fehlentwicklungen ist auf den immer gleichen Kern zurückzuführen: auf das Leugnen der Machtverhältnisse zwischen den Geschlechtern oder im Fall des Missbrauchs der Generationen.

Und die SPD? Die scheint der grünen Version von Toleranz und sogenannten »Geschlechtsidentität« zu folgen, wie fatalerweise oft in sexualpolitischen Fragen. Sie hält das wohl für modern.

Doch noch ist es nicht zu spät. Noch sollten wir auf Aufklärung setzen. Aufklärung über die dramatischen Folgen, die ein solches »Selbstbestimmungsgesetz« für all diejenigen hätte – vor allem die Minderjährigen unter ihnen –, die eben keinen irreversiblen seelischen Konflikt in Bezug auf ihre »Geschlechtsidentität« haben, sondern lediglich eine phasenweise Irritation ihrer Geschlechterrolle. Eine sehr berechtigte Irritation! Die aber ist in der Regel nicht mit Hormonen und dem Messer zu beheben, sie ist auch kein medizinisches Problem, sondern ein gesellschaftspolitisches.

In Ländern wie Schweden oder Großbritannien hat man die Gefahr längst erkannt. Da sie in sexualpolitischen Fragen traditionell fortschrittlicher sind als Deutschland, hatten sie die Schnellstraße in die Transsexualität früher geebnet – und rudern jetzt entschieden zurück. In beiden Ländern wurde die Absicht, eine gesetzliche »Selbstbestimmung« des Geschlechts einzuführen, im letzten Augenblick gestoppt. Auslöser war der Alarm, den eine Minderheit verantwortungsbewusster Therapeuten und Mediziner schlug, und es waren protestierende Feministinnen. Hinzu kamen die Opfer: Frauen, die Männer geworden waren und sich nun zurücktasten in ihr altes Leben. Wie Keira Bell in Großbritannien. Bell war im Alter von 16 ohne gründliche Beratung und Begleitung in der dafür spezialisierten Tavistock-Klinik mit Hormonen behandelt und operiert worden (Brustabnahme). Fünf Jahre später kehrte sie in ihr biologisches Geschlecht zurück und verklagte die Klinik.

Anfang des Jahres kündigte die Regierungskoalition an, dass »eine der ersten Gesetzesreformen«, die sie durchführen will, das »Selbstbestimmungsgesetz für Transsexuelle« sei. Im gleichen Atemzug versprach die Regierung, den skandalösen § 219 streichen zu wollen. Der bedrohte bisher ÄrztInnen mit Gefängnis, die bekannt machen, dass sie bereit sind, ungewollt Schwangeren zu helfen. Die beiden Reformvorhaben haben inhaltlich gar nichts miteinander zu tun, dennoch werden sie zusammen angekündigt. In der Hoffnung, dass bei der allgemeinen Freude der Fortschrittlichen über die Streichung des § 219, die abtreibende ÄrztInnen nicht länger kriminalisiert, die partiell rückschrittliche Transreform still und leise einfach so mit durchrutscht? Eine Reform, zu der die breite Aufklärung und Debatte noch aussteht und die bisher rein ideologisch geführt wurde.

Reformen wie die in Deutschland jetzt geplante wurden in anderen Ländern gerade gestoppt. Es besteht darum die Hoffnung, dass auch hierzulande die Gefahr noch rechtzeitig erkannt wird: die Gefahr, Irritationen der Geschlechterrolle zu verwechseln mit ernsthaften Geschlechtsdysphorien.

Diese Geschlechtsrollen-Irritation ist mehr als verständlich in einer Welt, in der den Mädchen einerseits gesagt wird: Ihr seid gleichberechtigt, euch steht die Welt offen – es jedoch andererseits gleichzeitig eine Körperpolitik für Frauen gibt, die sie zurückstößt ins Vorgestern; in eine Welt, in der Mädchen gesagt wird: Sei du selbst! – und ihnen gleichzeitig suggeriert wird: Nichts ist wichtiger, als einen perfekten Körper zu haben und von Männern begehrt zu werden. Viele dieser Mädchen, die sich für trans halten, wollen ganz einfach dieselben Rechte wie Männer und nicht um jeden Preis gefallen müssen.

Die Botschaften waren noch nie so doppeldeutig und so verwirrend wie in diesen Zeiten des Umbruchs. Helfen wir diesen Mädchen – und »heilen« wir sie nicht, indem wir ihre Körper mit Hormonen und Operationen traktieren und sie zu »Männern« machen. Bestärken wir sie eher darin, weibliche Menschen zu sein und frei. Einfach Menschen.

Sex und Gender – ein Alarmruf

Chantal Louis

Bevor Hannahs Tochter Sofia (alle Namen geändert) an diesem Morgen in die Schule ging, legte sie ihren Eltern einen Brief auf den Tisch. Nach der Lektüre war die Mutter fassungslos. Ihre 15-jährige Tochter beglückwünschte sie dazu, dass sie »ab jetzt einen Sohn« habe. Sofia erklärte, sie sei »eigentlich ein Junge« und wolle von nun an mit männlichen Pronomen und als Julius angesprochen werden. Diese Offenbarung kam »aus heiterem Himmel«, erzählt Mutter Hannah (siehe Gespräch S. 175). Nie hatte Sofia geäußert, dass sie mit ihrem Mädchenkörper hadere. Im Gegenteil: »Als sie mit zwölf ihre Tage bekommen hat, war sie ganz aus dem Häuschen und total happy. Sie hat es richtig zum Thema gemacht, dass sie jetzt eine Frau wird und dazugehört.« Drei Jahre später will Sofia nicht mehr dazugehören. Warum nicht?

Seit der Grundschule ist Sofia das, was man früher eine Eigenbrötlerin nannte, heute würde man sie wohl als »nerdig« bezeichnen. Das Mädchen ist überdurchschnittlich begabt, kann mit anderen Kindern wenig anfangen. Als sie älter wird, macht sie nicht mit, was andere Mädchen machen: Klamotten und Schminken sind nicht ihr Ding. Sofia wird nicht Teil der rosa Glitzerwelt, in der so viele Mädchen in der Klasse und auch ihre zwei Jahre ältere Schwester jetzt unterwegs sind. Sie gehört nicht dazu.

Ihr Außenseiterinnentum belastet sie offenbar mehr, als

sie zugibt. Im Internet findet sie etwas, das sie für eine Lösung hält: Sie ist gar kein Mädchen, sondern ein Junge. Sie ist »trans«.

Sofia ist kein Einzelfall. Einen »rasanten Anstieg« der »Zahlen für Kinder und Jugendliche mit Geschlechtsdysphorie/Transidentität« vermeldet das Uniklinikum Bochum mit seiner Abteilung für »Varianten der Geschlechtsentwicklung« in der Kinder- und Jugendmedizin auf seiner Website. Aktuell begleitet die Abteilung nach eigenen Angaben rund 550 Kinder und Jugendliche allein aus Bochum »auf dem Weg von einem Geschlecht ins andere«. 2019 stellten sich an der Ruhr-Uniklinik über 200 »transidente« Kinder vor – 2006 hatten nur drei Kinder bzw. deren Eltern um Beratung und Hilfe gebeten, erklärt Ambulanz-Leiterin Prof. Annette Richter-Unruh in einem Interview mit der *FAZ* und konstatiert einen »Transgender-Hype«.

In der ambulanten Spezialsprechstunde für Kinder und Jugendliche mit Geschlechtsdysphorie an der Münchner Universitätsklinik war 2021 die Zahl der Neuanmeldungen von PatientInnen so groß, dass die Warteliste wegen der unzumutbar langen Wartezeiten vorübergehend geschlossen werden musste. »Wir werden überschwemmt von Anfragen«, erklärt der Kinder- und Jugendpsychiater Dr. Alexander Korte, Leiter der Sprechstunde. Da die spezialisierten Ambulanzen an den Unikliniken in München, Münster, Frankfurt und Hamburg den Andrang nicht mehr bewältigen, haben inzwischen in ganz Deutschland Kliniken und TherapeutInnen ihr Angebot auf »transgender« erweitert.

Und das Phänomen ist nicht nur in Deutschland zu beobachten, sondern in allen westlichen Industrieländern. Als am Stockholmer Karolinska-Institut im Jahr 2000 die

Gender-Ambulanz an den Start ging, hatte man es mit fünf bis zehn Fällen im Jahr zu tun. Heute hat sich die Zahl vervierzigfacht: auf jährlich 200 Jugendliche. In Großbritannien meldet die Londoner Tavistock-Klinik mit ihrer Gender-Ambulanz einen Anstieg ihrer minderjährigen PatientInnen von 50 im Jahr 2009 auf über 2000 in 2017, also ebenfalls ein Anstieg um den Faktor 40.

Was vormals als extrem seltener Einzelfall auftrat, ist zum Massenphänomen geworden. Eine Gruppe ist dabei auffallend häufig betroffen und maßgeblich für diesen Anstieg verantwortlich: Mädchen in der Pubertät. Die Zahlen sind frappant. Aktuell werden nach eigenen Angaben rund 1700 Mädchen im Tavistock Centre behandelt. Vor zehn Jahren waren es 30. Für Deutschland, liegt aktuell keine Gesamtzahl der wegen Geschlechtsdysphorie behandelten Jugendlichen vor, da diese Zahl – anders als in Großbritannien – nicht zentral erfasst wird. Doch auch deutsche Gender-Ambulanzen berichten laut einer Recherche des *Spiegel*, dass inzwischen acht- bis zehnmal so viele Mädchen mit dem Wunsch nach einem Geschlechtswechsel vorstellig werden wie Jungen.

Woran liegt das? Die US-Journalistin Abigail Shrier hat ein ganzes Buch über das neue Phänomen der »Rapid Onset Gender Dysphoria«, kurz: ROGD, geschrieben, also die in der Pubertät plötzlich einsetzende Geschlechtsdysphorie bei Mädchen: »Irreversible Damage«. Shrier konstatiert einen klaren Zusammenhang zwischen dem immer weiter zunehmenden Schlankheits- und Schönheitsdruck, dem daraus resultierenden Körperhass und den »höchsten Angst- und Depressionsraten« bei jungen Mädchen, »die je gemessen wurden«. Eine vermeintliche Lösung: den verhassten und »falschen« Körper – und die Zumutungen der Rollenzwänge – verlassen.

Der Kinder- und Jugendpsychiater Alexander Korte behandelt als Oberarzt an der Uniklinik München seit 2004 junge Menschen, die sich »im falschen Körper« fühlen. Korte ist außerdem auch auf die Behandlung von Mädchen mit Essstörungen spezialisiert, auch er sieht hier klare Parallelen: Man könne die Geschlechtsdysphorie als »moderne«, also zeitgeistige Störung betrachten, die »teilweise an die Stelle der Magersucht tritt. Beides speist sich aus derselben Quelle: eine tiefe Störung in der Wahrnehmung des eigenen Körpers.« (Siehe Interview S. 109)

Der Kampf von Mädchen und Frauen gegen die unerreichbaren Schönheitsideale auf dem Schlachtfeld Körper ist nicht neu. Er geht aber mit dem 24/7-Dauerfeuer durch filteroptimierte Influencerinnen über Instagram & Co seit einigen Jahren in eine neue Runde. Hinzu kommen die Bilder aus der – dank der Neuen Medien ebenfalls omnipräsenten – Pornografie, die einen immer sexistischeren und brutalisierteren Blick auf Frauenkörper mit sich bringt. Der Druck wird immer stärker – für manche Mädchen und junge Frauen offenbar zunehmend unaushaltbar.

Die Mädchen, die deshalb ins »starke Geschlecht« transitionieren und glauben, damit eine Antwort auf die Zumutungen des Frauseins gefunden zu haben, zahlen einen hohen Preis. Gehen sie den Weg zu Ende, heißt das: Sie nehmen Testosteron und damit irreversible Veränderungen in ihrem Körper in Kauf. Viele lassen sich zusätzlich die Brüste amputieren und Eierstöcke und Gebärmutter entfernen. Entscheiden sie sich für Letzteres, stoppen sie die natürliche Produktion von Geschlechtshormonen in ihrem Körper. Sie müssen diese Hormone dann lebenslang ersetzen, in diesem Fall: Östrogen und Progesteron durch Testosteron. Das hat Nebenwirkungen, deren wahres Ausmaß mangels Langzeitstudien noch nicht ausreichend erforscht ist.

Aber nicht nur die körperlichen Folgen sind alarmierend, auch die gesellschaftlichen Konsequenzen sind es. »Geschlechter-Stereotype werden wieder festgeschrieben«, klagt Mediziner Korte, selbst Vater zweier Töchter. Bis hin zur – womöglich als leichter empfundenen – Anpassung an die heterosexuelle Norm: Ein bisher lesbisches Mädchen, das Frauen liebt, kann jetzt ein heterosexueller »Transmann« werden.

Hinzu kommt: Eine Untersuchung der nationalen Gesundheitsbehörde in Schweden ergab, dass bei jedem dritten 13- bis 17-jährigen Mädchen mit Genderdysphorie eine Angststörung diagnostiziert worden war, bei einem weiteren Drittel eine Depression. Jede Fünfte litt an ADHS und jede Siebte an Autismus. Ist das existenzielle Unbehagen mit dem eigenen Körper tatsächlich die Ursache für diese sogenannten »Komorbiditäten«? Oder ist es womöglich nicht selten umgekehrt? Wird die Transition, also die Möglichkeit, »jemand anders« zu werden, als potenzielle Lösung für Probleme gesehen, die eigentlich woanders liegen?

Und dann sind da noch die Mädchen, die schon sehr früh erfahren mussten, dass ihr Mädchenkörper verletzlich ist und von Männern verletzt wurde. Die Flucht ins andere Geschlecht könnte für so manche ein Ausweg sein, sich vor sexueller Gewalt zu schützen.

All diese potenziellen Ursachen für den »Transitionswunsch« der pubertierenden Mädchen mit einer Geschlechtsidentitätsstörung müssten in den Blick genommen werden. »Das ist aber nicht der Fall. Wir hören immer wieder von Eltern, dass Therapeuten und Psychiater den Transitionswunsch des Kindes einfach unhinterfragt bestätigen«, klagt Lisa Müller. Sie hat 2019 die Elterninitiative »Parents of ROGD-Kids« gegründet (siehe Gespräch S. 175), ein deutscher Ableger der ursprünglich in den USA entstandenen Elterngruppe.

Geprägt hat den Begriff »Rapid Onset Gender Dysphoria« (ROGD) die US-amerikanische Gynäkologin Lisa Littman. Die Professorin für Verhaltensforschung an der renommierten Brown University veröffentlichte im August 2018 eine Studie, für die sie 256 Eltern von Transgender-Jugendlichen befragt hatte. Littman war aufgefallen, dass auffallend oft Jugendliche aus ein und demselben Freundeskreis nach Eintreten der Pubertät plötzlich erklärten, »transgender« zu sein. Acht von zehn dieser Jugendlichen waren weiblich.

Lisa Müller und ihre MitstreiterInnen, darunter Hannah, die Mutter von Sofia, können Littmans These von der »social contagion«, der »sozialen Ansteckung«, nur bestätigen. In den Klassen ihrer Töchter gibt es manchmal fünf(!) Mädchen, die behaupten, »trans« zu sein, also quasi jedes dritte.

Die Frage ist: Wie konnte es dazu kommen? Noch bis vor wenigen Jahren galt als unstrittig, dass ein Mensch, dessen Verstörung mit dem eigenen Körper so groß ist, dass er diesen eigentlich gesunden Körper medikamentös manipulieren und chirurgisch verändern möchte, unter einem schweren psychischen Konflikt leidet, der einer medizinischen und psychotherapeutischen Diagnostik und Behandlung bedarf. Genau so definieren es auch die deutschen Krankenkassen. Sie sprechen in ihrer Begutachtungsanleitung für den Medizinischen Dienst (MDK) von einem »krankheitswertigen Leidensdruck«, der vorliegen muss, damit die Kosten für Hormone und OPs übernommen werden.

Als im Jahr 1991 das Transsexuellengesetz von 1981 erstmals evaluiert wurde, waren in ganz Deutschland 1100 Transsexuelle aktenkundig. Die »Deutsche Gesellschaft für Transidentität und Intersexualität« geht von 17 250 Menschen aus, die seit 1991 mit einer Personenstandsänderung als transsexuell registriert wurden, das wären inzwischen 0,02 Prozent Transsexuelle in Deutschland. Diese über Jahrzehnte nahezu konstant extrem kleine Zahl ist weit entfernt von den vielen Jugendlichen, vor allem Mädchen, die jetzt erklären, »trans« zu sein.

In den 1990er-Jahren jedoch begann, im Fahrwasser von Queer Theory und Identitätspolitik, ein neuer Diskurs, der besagt: Das biologische Geschlecht ist irrelevant. Das Geschlecht ist keine objektive Tatsache, sondern eine Frage der Wahl. Entscheidend ist die subjektiv gefühlte »Geschlechtsidentität«. Dieses »Gefühl« sei jedoch keineswegs sozial geformt, sondern der Mensch »im falschen Körper geboren«. Ein Mädchen wie Sofia entscheidet sich laut diesem Denkmodell also nicht aufgrund sozialer Rollenkonflikte, künftig als Junge leben zu wollen; im Duktus der Transaktivisten neuer Schule war Sofia in Wahrheit »schon immer ein Junge«. Und das sollte nach dem Willen dieser Transaktivisten künftig auch nicht mehr von Medizinern oder Therapeuten hinterfragt werden, denn nur die betroffene Person selbst wisse, welchem Geschlecht sie wirklich angehört.

Das geht so weit, dass in Orwell'scher Neusprech-Manier das Leben vor der Transition des transitionierten Menschen quasi ausgelöscht wird. Ein Beispiel: Als die amerikanische Schauspielerin Ellen Page Ende 2020 im Alter von 33 Jahren erklärte, »transgender« zu sein und künftig als Mann namens Elliot leben zu wollen, gratulierten ihr PolitikerInnen und Prominente aus aller Welt. Bekannt geworden war Page mit ihrer Rolle im Film »Juno«, in dem sie eine ungewollt schwangere 16-Jährige spielte. Page hatte sich 2014 auf einer Konferenz der »Human Rights Campaign« als lesbisch geoutet und trat seither als Botschafterin für die »Human Rights Campaign« auf. Nachdem sich die Schauspielerin 2020 zum Transmann erklärt hatte, gab es auch in deutschen Medien eine Debatte darüber, ob es legitim sei, in der Berichterstattung über den Geschlechtswechsel von Elliot Page noch deren ursprünglichen weiblichen Namen zu erwähnen. Schließlich, so argumentierten einige, sei Page in Wahrheit ja schon immer ein Mann gewesen.

Diese Position propagieren TransaktivistInnen in unzähligen Varianten in Statements und Testimonials im Internet. So wird es in vielen Gender-Studies-Seminaren gepredigt, so übernehmen es nicht selten willfährig JournalistInnen und PolitikerInnen. Trans ist Trend. Viele TV-Dokumentationen zeigen Kinder und Jugendliche auf dem Weg ins andere Geschlecht. Sie haben Titel wie: »Trans is beautiful« oder »Transgender – Mein Weg in den richtigen Körper«. Dass Leonie, wie eine dieser Dokus zeigt, zuvor in ihrer Klasse als burschikoses Mädchen gemobbt wurde, weil sie »kein richtiges Mädchen« war, aber jetzt als Junge fraglos akzeptiert wird, scheint niemanden zu beunruhigen. Die Frage, inwieweit das Mädchen Opfer traditioneller Rollenbilder geworden war, wurde nicht gestellt. Wer dennoch fragt, wird reflexhaft als »transphob« gebrandmarkt, immer öfter »gecancelt« und mit Sprechverbot bedroht.

Die Idee vom Geschlecht als subjektiver Definitionsfrage

hat längst den Weg in offizielle Handreichungen über »Geschlechtervielfalt in der Kita« und in Parteiprogramme gefunden. So findet sie sich auch in Glossaren des Bundesfamilienministeriums, das über den Unterschied zwischen Trans- und »Cisgeschlechtlichkeit« aufklärt: »Die Begriffe cisgeschlechtlich, cisgender oder cis (lat. cis = diesseits) beschreiben Menschen, die sich dem Geschlecht zugehörig fühlen, das ihnen bei der Geburt zugewiesen wurde«, heißt es dort. »Cisgeschlechtlichkeit« werde »in unserer Gesellschaft als ›normal‹ angesehen«, weshalb »cisgeschlechtliche Menschen gesellschaftliche Vorteile genießen«. So das vom Bundesfamilienministerium offiziell beauftragte und finanzierte »Regenbogenportal« (www.regenbogenportal.de).

In gewissen Kreisen gehört es inzwischen zum guten und woken Ton, mit seinem Namen gleich die Pronomen anzugeben, mit denen man angesprochen werden möchte: Franziska Meier (she/her). Frauen werden zu »weiblich gelesenen Menschen« oder gar zur »FLINTA*-Person« (= Frauen, Lesben, Intersexuelle, Nichtbinäre, Transsexuelle, Asexuelle bzw. Agender).

Die Offensive begann vor etwa zehn Jahren. Im Juni 2014 rief das amerikanische *Time Magazine* den »Transgender Tipping Point« aus: den Wendepunkt in Sachen Transgender. Untertitel: »Americas next civil rights frontier«. Sprich: Nach dem Kampf um die Bürgerrechte von Schwarzen, Frauen und Homosexuellen seien jetzt Transmenschen an der Reihe, für ihre Rechte und gegen Diskriminierung zu kämpfen.

Auf dem Titel war Laverne Cox, die Schauspielerin, die in der Netflix-Serie »Orange is the New Black« die transsexuelle Gefängnis-Insassin Sophia spielte. Cox sprach über ihre Diskriminierung, die sie schon als Kind, als – damals noch – femininer Junge erlitten hatte, kritisierte die einengenden Geschlechterrollen und erklärte: »Es geht vor allem darum, das Patriarchat zu verändern.«

Ein Jahr später titelte auch *Vanity Fair* mit einem Trans-Coming-out: Der in den USA berühmte Zehnkämpfer Bruce Jenner ließ sich mit chirurgisch verweiblichtem Körper und fein geschnittenem Gesicht in cremefarbener Corsage ablichten und bat: »Call me Caitlin.« Caitlin Jenner erklärte, sie habe »schon immer ein weibliches Gehirn« gehabt, wolle jetzt »ganz Frau sein« und freue sich nun am meisten darauf, endlich »Nagellack so lange zu tragen, bis er abblättert«. Das Patriarchat zu verändern, war Jenners Anliegen offensichtlich nicht.

Die Debatte darüber, ob eine OP plus Nagellack einen biologischen Mann zur »echten Frau« mache und was überhaupt eine »echte Frau« sei, bewegte nun die USA und bald darauf die ganze westliche Welt. Doch was als notwendiger Kampf gegen die reale Diskriminierung von Transsexuellen begann, ist heute vielfach zu einem realitätsfernen Diskurs über das biologische Geschlecht als Definitionsfrage geworden.

Das Konzept vom bei der Geburt willkürlich »zugewiesenen« Geschlecht, das unabhängig von der Biologie und folglich frei wählbar sei, haben inzwischen auch in Deutschland gleich mehrere Parteien übernommen und es in ihre Wahlprogramme und schließlich auch in den Koalitionsvertrag geschrieben. Darin kündigt die Ampel-Koalition an, das bisherige Transsexuellengesetz durch ein »Selbstbestimmungsgesetz« zu ersetzen. Schon im Sommer 2021, also vor dem Regierungswechsel, hatten Grüne und FDP als Oppositionsparteien einen Gesetzentwurf eingebracht, der die Idee vom Geschlechtswechsel per »Sprech-akt« festschreiben sollte: Jugendliche ab 14 sollten laut »Selbstbestimmungsgesetz« mit einer einfachen Erklärung auf dem Standesamt ihren Geschlechtseintrag ändern kön-nen – auch ohne Einwilligung der Eltern.

Auch die SPD will »psychologische Gutachten zur Fest-stellung der Geschlechtsidentität abschaffen«. Jugendliche ab 14 seien schließlich auch religionsmündig und könnten »auf dem Standesamt erklären, ob sie lieber katholisch oder evangelisch sein wollen«, erklärte ihr damaliger queerpoli-tischer Sprecher Karl-Heinz Brunner.

Laut Koalitionsvertrag soll auch festgeschrieben werden, dass »die Kosten geschlechtsangleichender Behandlungen vollständig von der gesetzlichen Krankenversicherung über-nommen werden müssen«. Auch dies hatten die Grünen be-reits in ihrem Gesetzentwurf vom Sommer 2021 gefordert. Auf die Frage, ob auch dies ab dem 14. Lebensjahr gelten soll, erklärte die damalige Kanzlerkandidatin Annalena Baerbock in *EMMA*: »Für operative Geschlechtsanpassungen sehen fachärztliche Leitlinien ein Mindestalter von 18 Jahren vor.«

Das ist richtig – noch. Denn die medizinischen Fach-gesellschaften arbeiten schon daran, die Leitlinien für die Behandlung von Kindern und Jugendlichen mit Ge-schlechtsdysphorie zu ändern und die Altersgrenzen für Hormonbehandlungen und OPs zu senken bzw. ganz abzu-schaffen. Die federführende Deutsche Gesellschaft für Kin-der- und Jugendpsychiatrie, Psychosomatik und Psychothe-rapie (DGKJP) kündigt die neue Leitlinie für März 2022 an.

Noch empfiehlt die aktuelle Leitlinie »Störungen der Ge-schlechtsidentität im Kindes- und Jugendalter« für chirur-gische Eingriffe wie Brust- oder Penisamputationen eine

Altersgrenze von 18 Jahren. Diese Grenze ist jedoch eine rechtlich nicht bindende Richtlinie, die die Ärzteschaft sich selbst gegeben hat. Sie werde schon jetzt, so der Münchner Kinder- und Jugendpsychiater Alexander Korte, immer wieder unterschritten. Künftig könnte sie ganz fallen, befürchtet Korte, der Mitglied der Leitlinien-Kommission ist. »Es zeichnet sich ab, dass nach dem Willen der Mehrheit der Kommission in der kommenden Leitlinie ›Geschlechtsdysphorie und Geschlechtsinkongruenz bei Kindern und Jugendlichen‹ sämtliche Altersgrenzen wegfallen sollen. Damit wäre im Einzelfall eine gegengeschlechtliche Hormontherapie schon mit zwölf oder 13 Jahren möglich, eine genitalchirurgische Operation mit 14 oder 15 Jahren.«

Hinzu kommt – neben der vereinfachten Personenstandsänderung ab 14 und den fallenden Altersgrenzen für Hormon- und chirurgische Behandlungen – ein dritter Punkt: Das Recht von Eltern, Einfluss auf den Transitionswunsch ihres Kindes zu nehmen, soll laut Koalitionsvertrag beschnitten werden. Dort erklärt die Ampel-Koalition: »Wir werden die Strafausnahmen in § 5 Abs. 2 des Gesetzes zum Schutz vor Konversionsbehandlungen aufheben.« Hinter diesem Satz verbirgt sich Folgendes: Seit Juni 2020 sind nach einem Beschluss des Bundestages Behandlungen, die »auf die Veränderung oder Unterdrückung der sexuellen Orientierung oder der selbstempfundenen geschlechtlichen Identität gerichtet sind«, bei Minderjährigen verboten. Im Grundsatz natürlich zur Recht. Ursprünglich sollte das Gesetz homosexuelle Kinder und Jugendliche davor schützen, von ihrer Homosexualität »geheilt« zu werden, wie es zum Beispiel in evangelikalen Kreisen immer noch vorkommt. Doch dann wurde auch die »geschlechtliche Identität« in das Gesetz aufgenommen. Damit gerieten nun aber auch TherapeutInnen ins Visier, die den Transitionswunsch eines oder einer Jugendlichen infrage stellten. Eltern waren bisher jedoch von der Strafandrohung ausgenommen: »Absatz 1 ist nicht auf Personen anzuwenden, die als Fürsorge- oder Erziehungsberechtigte handeln, sofern sie durch die Tat nicht ihre Fürsorge- oder Erziehungspflicht gröblich verletzen«, heißt es im Gesetz. Diese Ausnahme soll nun gestrichen werden. Was bedeutet das für Eltern, die ihr Kind von einem Therapeuten behandeln lassen möchten, der den Transitionswunsch des Kindes kritisch hinterfragt und nach anderen Lösungen sucht? Anna Weber, Sprecherin der Elterninitiative »Trans Teens Sorge berechtigt« (TTSB), ist alarmiert: »Wir fordern, dass die Elternmitwirkung und Erstverantwortung für unter 18-Jährige bestehen bleibt, um sie vor einsamen, unüberlegten, teilweise irreversiblen Entscheidungen zu schützen.«

Die Kombination aus diesen drei Komponenten – Personenstandsänderung ab 14 per Erklärung, Absenkung der Altersgrenzen in den medizinischen Leitlinien und Beschneidung der Elternrechte – dürfte die Zahl der »Transitionen« Jugendlicher weiter in die Höhe schnellen lassen.

Bisher ist die Rechtslage so: Seit 1981 gilt in Deutschland das Transsexuellengesetz (TSG), das transsexuellen Menschen eine Transition in zwei Schritten ermöglichen sollte. Bei der sogenannten »kleinen Lösung« wird lediglich der Vorname geändert. Voraussetzung dafür ist, dass die Person »seit mindestens drei Jahren unter dem Zwang steht, ihren Vorstellungen entsprechend zu leben«, und »mit hoher Wahrscheinlichkeit anzunehmen ist, dass sich ihr Zugehörigkeitsempfinden zum anderen Geschlecht nicht mehr ändern wird«. Das muss von zwei unabhängigen Gutachtern bestätigt werden, die Entscheidung fällt auf dieser Basis dann das zuständige Amtsgericht.

Die »große Lösung«, der auch personenstandsrechtliche Geschlechtswechsel im Personalausweis, setzte laut TSG zusätzlich voraus, dass die Person »sich einem ihre äußeren Geschlechtsmerkmale verändernden operativen Eingriff unterzogen hat«. Transsexuelle Männer wie Frauen mussten »dauerhaft fortpflanzungsunfähig« sein. Außerdem musste sich ein Mensch nach dem Geschlechtswechsel scheiden lassen, damit er bzw. sie nicht in einer – damals noch verbotenen – gleichgeschlechtlichen Ehe lebte.

Beide Vorgaben für die »große Lösung« wurden im Jahr 2011 vom Bundesverfassungsgericht allerdings kassiert. Die Karlsruher RichterInnen erklärten: Der Geschlechtswechsel dürfe »nicht von Voraussetzungen abhängig gemacht werden, die schwere Beeinträchtigungen der körperlichen Unversehrtheit bedingen und mit gesundheitlichen Risiken verbunden sind«. Seither ist eine Operation nicht mehr zwingende Voraussetzung für einen Geschlechtswechsel.

Eigentlich ein fortschrittliches, begrüßenswertes Urteil. Denn warum sollte ein Mensch, der sozial in der anderen Geschlechterrolle leben will, sich dazu hormonellen oder chirurgischen Eingriffen unterziehen müssen? Von der erzwungenen Unfruchtbarkeit und dem Scheidungszwang ganz zu schweigen. Mit dem Karlsruher Urteil von 2011 ist das Transsexuellengesetz von 1981 also teilweise außer Kraft gesetzt. Um eine Reform wird seither gerungen.

Der aktuelle Reform-Versuch ist nun das »Selbstbestimmungsgesetz«. Ziel: die komplette Ausschaltung von PsychologInnen und MedizinerInnen bei der Entscheidung

eines Menschen für einen Geschlechtswechsel im Personalausweis. Die VerfechterInnen des Geschlechts qua Ei-
gendefinition berufen sich auf das Karlsruher Urteil von
2011. Schließlich hätte das Bundesverfassungsgericht damit
die gefühlte Geschlechtsidentität über das biologische Geschlecht gestellt.

Was das Bundesverfassungsgericht allerdings keineswegs verlangt hat, ist, jegliche Hürden auf dem Weg zum
Geschlechtswechsel abzubauen. Vielmehr erklärte das
Gericht, dass die vorgeschriebene Begutachtungspflicht
für den Personenstandswechsel, also die »kleine Lösung«,
»verfassungsrechtlich nicht zu beanstanden« sei. Denn
schließlich sei »das Geschlecht maßgeblich für die Zuweisung von Rechten und Pflichten«. Daher könne der Gesetz-
geber einen »auf objektivierte Kriterien gestützten Nach-
weis verlangen«.

Für die »große Lösung«, also Hormone und OP, bedürfe
es »eines längeren diagnostisch-therapeutischen Prozes-
ses«, um »feststellen und nachweisen zu können, ob der
transsexuelle Wunsch wirklich stabil und irreversibel ist«.
Denn der »Wunsch nach einer ›Geschlechtsumwandlung‹«,
so Karlsruhe, könne ja auch lediglich »eine Lösungs-
schablone für psychotische Störungen, Unbehagen mit eta-
blierten Geschlechtsrollenbildern oder für die Ablehnung
einer homosexuellen Orientierung sein«.

Genau um die gründliche Abklärung dieser Fragen mit
professioneller Unterstützung geht es und, gerade bei sehr
jungen Menschen, nicht um eine Stigmatisierung transsexueller Menschen.

Genauso eindeutig wie die Entscheidung aus Karlsruhe
ist eigentlich die Voraussetzung für eine Kostenübernahme

der medizinischen Maßnahmen durch die Krankenkassen: Die sind laut Begutachtungsanleitung für den Medizinischen Dienst der Krankenkassen (MDK) nur dann zu übernehmen, wenn der »Leidensdruck durch psychiatrische und psychotherapeutische Mittel nicht ausreichend gelindert werden konnte«. Doch genau diese Mittel kommen, so scheint es, gerade bei Jugendlichen immer weniger zur Anwendung. Der »affirmative Ansatz« gilt dank jahrelangem ideologischem Dauerfeuer als Methode der Wahl, das Hinterfragen des Wunsches hingegen als »transphob«. Das »Gender Affirmative Model«, das 2013 von acht US-ÄrztInnen renommierter Universitäten als »Standard of Care« verfasst wurde, hat längst seinen Weg auch in deutsche Praxen und Beratungsstellen gefunden, die erklärtermaßen nach dem »transaffirmativen« Modell beraten. Auch der vom Bundesfamilienministerium geförderte Leitfaden von Pro Familia – »Psychosoziale Beratung von inter* und trans* Personen und ihren Angehörigen« – rät zur »affirmativen Psychotherapie«. Anna Weber, Sprecherin der Elterninitiative »Trans Teens Sorge berechtigt«, beschreibt die Folgen so: »Eltern finden einfach keine Therapeuten, die die angebliche Transsexualität ihres Kindes auch einmal hinterfragen.«

Mit welchen Strategien TransaktivistInnen Einfluss auf Gesetze und Leitlinien nehmen, zeigt der Handlungsleitfaden der »International Gay, Lesbian, Bisexual, Transgender, Queer & Intersex Youth Organisation«, kurz: IGLYO.

In der Broschüre mit dem Titel »Only Adults?« (Nur Erwachsene?) erläutert die Lobby-Organisation mit Hauptsitz in Brüssel bemerkenswert offen, mit welchen Mitteln die Trans-Lobbyisten arbeiten sollen, um ihr Ziel durchzusetzen:

Tipp Nr. 1: Das Thema »de-medikalisieren«. Die Öffentlichkeit dürfe den Geschlechtswechsel nicht mit »ge-schlechtsangleichender Behandlungen«, sprich Hormon-behandlungen und OPs, in Verbindung bringen.

Tipp Nr. 2: »Hängt eure Kampagne an eine populärere Re-form.« Exakt so geschah es beim Verbot von »Konversions-therapien«, das der Bundestag im Mai 2020 verabschiedet hat. Ursprünglich sollte das Gesetz nur für Homosexuelle gelten. Im letzten Moment wurde jedoch auch die Transse-xualität nachgeschoben. Folge: TherapeutInnen, die Kinder und Jugendliche nicht »transaffirmativ« behandeln, sprich: deren Transitionswunsch auch hinterfragen, sind verunsi-chert, da sie Gefahr laufen, eine Anzeige zu riskieren.

Tipp Nr. 3: Man möge »exzessive Medienberichterstat-tung und Publicity« vermeiden. Und so ist es wohl kein Zu-fall, dass sogar das geplante Selbstbestimmungsgesetz lange Zeit nahezu komplett unter dem medialen Radar lief. Was angesichts der tiefgreifenden familiären und gesellschaftli-chen potenziellen Konsequenzen des Vorhabens mehr als erstaunlich ist.

Der IGLYO-Leitfaden hat potente Finanziers. Einer dieser Sponsoren ist zum Beispiel die »Thomson Reuters Foundation«. Der Weltkonzern Thomson Reuters bietet unter anderem »Informationsdienstleistungen« auf dem Gebiet der »Gesundheitsversorgung« an. Und welche Rolle spielt eigentlich die Pharmaindustrie beim Vormarsch der Trans-Ideologie? So ist zum Beispiel der Bochumer »Lehr-stuhl für pädiatrische Endokrinologie und Diabetologie« von Prof. Annette Richter-Unruh, die an der Bochumer Uniklinik Jugendliche mit Pubertätsblockern behandelt, vom Pharmaunternehmen Ferring finanziert. Es produ-ziert: Pubertätsblocker.

In anderen Ländern schlagen MedizinerInnen höchst besorgt Alarm. So meldeten sich im Oktober 2019 mehrere Angestellte der Londoner Tavistock-Klinik lautstark zu Wort. Ihr Vorwurf: In dem an die Klinik angedockten »Gender Identity Development Service« (GIDS) würden Kinder und Jugendliche fehlbehandelt und erhielten viel zu schnell sogenannte Pubertätsblocker. Mit diesen Medikamenten – deren Langzeitwirkung noch unzureichend erforscht ist – wird die Pubertät von Mädchen und Jungen gestoppt. So soll vor der Ausbildung der sekundären Geschlechtsmerkmale wie Brüste oder Bartwuchs Zeit gewonnen werden, damit der oder die Jugendliche seinen/ihren Transitionswunsch überprüfen kann. De facto entscheiden sich fast alle der so behandelten Jugendlichen später für einen Geschlechtswechsel. Früher, bevor Pubertätsblocker eingesetzt wurden, hatten vier von fünf Betroffenen ihren Transitionswunsch schließlich ad acta gelegt. Sie blieben in ihrem biologischen Geschlecht.

»Viele dieser Kinder haben eigentlich andere Probleme wie Depressionen, Autismus, ein erlittenes Trauma durch sexuellen Missbrauch oder internalisierte Homophobie. Doch diese Faktoren werden nicht in Betracht gezogen«, erklärt Psychotherapeutin Sue Evans. Der Druck auf das Personal, die Warteliste schnell abzuarbeiten, sei riesig. Evans kündigte ihren Job bei der GIDS. Ihre Kollegin Kirsty Entwhistle beklagte im Juli 2019 in einem offenen Brief, den die Internet-Plattform *Medium* veröffentlichte, ebenfalls, die Diagnose Genderdysphorie werde viel zu leichtfertig gestellt und »Angestellte, die das kritisierten, werden als ›transphob‹ gebrandmarkt«.

Inzwischen haben reihenweise TherapeutInnen und Me-

d.zinerInnen bei Tavistock gekündigt. Rückenwind beka-
men sie durch die Klage einer ehemaligen Patientin: Im
Dezember 2020 gab der britische High Court der Klage
von Keira Bell statt. Die heute 24-Jährige hatte den »Natio-
nal Health Service« und die ihm unterstehende Tavistock-
Klinik verklagt. Keiras Mutter, erzählte Keira Bell dem
Spiegel, war schwere Alkoholikerin, der Vater streng reli-
giös. »Keiner von beiden war in der Lage, sich um mich
zu kümmern.« Hinzu kam: »Ich war immer ›eine von den
Jungs‹. Ich spielte Fußball und weigerte mich, Kleider zu
tragen. Aber das war in Ordnung. Erst als ich ein Teenager
wurde, spürte ich den Druck, mich femininer anzuziehen.«

Der Druck wurde immer größer. Mit voranschreitender
Pubertät habe sich Keiras Gefühl verstärkt: »Wer kein typi-
scher Junge oder kein typisches Mädchen ist, bleibt allein.«
Im Internet fand Keira andere, denen es genauso ging. Sie
erklärten dem Mädchen, was das Problem sei: Sie sei eigentlich ein Junge.

Mit 16 wurde Keira in der Klinik vorstellig. Dort habe
man ihr »ein paar oberflächliche Fragen« gestellt. Ob sie
als Kind lieber mit Jungen oder Mädchen gespielt habe.
Was ihre Hobbys gewesen seien. Nach ihren Problemen zu
Hause fragte niemand. »Wenn ein Teenager dorthin kommt
und Hormone möchte, dann stellen sie das nicht infrage.«

Keira, die sich jetzt Quincy nannte, bekam zunächst Pubertätsblocker verschrieben. Ein Jahr später folgte Testosteron, mit 18 ließ sich Keira Bell die Brüste amputieren.
Heute erklärt sie: »Die Klinik hätte meine Wünsche viel
stärker hinterfragen müssen.«

Das sah der Londoner High Court genauso und fällte im
Dezember 2020 ein historisches Urteil: Jugendliche seien

»mit größter Wahrscheinlichkeit nicht in der Lage, die Tragweite und Risiken der Einnahme von Pubertätsblockern zu erfassen und ihre Zustimmung dazu zu geben«. Die Behandlung mit den wenig erforschten Medikamenten sei »ein Experiment« und die Zustimmung eines Gerichtes künftig vor der Behandlung einzuholen. Im September 2021 kassierte ein Berufungsgericht allerdings das Urteil des High Court. Keira Bell kündigte an, nun vor dem Supreme Court weiter gegen den »Medizinskandal« klagen zu wollen, der »mir und anderen großen Schaden zugefügt hat«.

Auch der schwedische »Trans Train« geriet aus voller Fahrt ins Stocken. Im August 2018 hatte die rot-grüne Regierung einen Gesetzentwurf vorgelegt, der für Jugendliche den Zugang zu sogenannten »geschlechtsangleichenden« Operationen von 18 auf 15 Jahre senken sollte. In Einzelfällen sollten die OPs sogar ohne Einwilligung der Eltern möglich sein. Kinder ab zwölf Jahren sollten die Möglichkeit bekommen, ihren Geschlechtseintrag zu ändern. »The Trans Train« heißt eine zweistündige Dokumentation, die im April und Oktober 2019 im schwedischen Fernsehsender SVT (Sveriges Television) in der Investigativ-Reihe »Upptrag Granskning« (Auftrag: Überprüfung) lief und einen sehr kritischen Blick auf die gängige Praxis in den schwedischen Gender-Ambulanzen warf. Sie komme sich »wie ein Versuchskaninchen vor«, erklärt in der Dokumentation eine junge Frau, die sich zum Transmann hatte machen lassen. »Sie experimentieren ohne wissenschaftliche Evidenz mit jungen Menschen. Das ist verantwortungslos und macht mich wahnsinnig wütend!«

Schon im März 2019 hatte Christopher Gillberg, Psychiater an der Universität Göteborg, im *Svenska Dagbladet* gewarnt, die Hormonbehandlungen und chirurgischen Veränderungen an Kindern seien »ein großes Experiment«, das womöglich »einer der größten Medizinskandale des Landes« werden könnte.

Im Dezember 2019 stellte die schwedische Gesundheitsbehörde schließlich fest, dass es weder genügend Erkenntnisse über die gesundheitlichen Langzeitfolgen von Pubertätsblockern und Behandlungen mit Geschlechtshormonen gebe, noch der explosionsartige Anstieg der – vor allem weiblichen – Jugendlichen mit Geschlechtsdysphorie ausreichend erforscht sei. Schließlich stoppte die schwedische Regierung den »Trans Train« – und das geplante Gesetz.

Alarmierte Eltern haben sich inzwischen international zur Initiative GENSPECT zusammengeschlossen. Im 20-köpfigen Advisory Board der Initiative sind renommierte KinderpsychologInnen, PädagogInnen und WissenschaftlerInnen aus aller Welt vertreten. Auch kritische MedizinerInnen vernetzen sich: Über hundert besorgte ÄrztInnen und TherapeutInnen, darunter auch Whistleblower aus Tavistock, kämpfen in der »Society for Evidence Based Gender Medicine« (SEGM) für eine »sichere, ethische und wissenschaftsbasierte Gesundheitsversorgung für Kinder, Jugendliche und junge Erwachsene mit Genderdysphorie«.

Im Oktober 2021 meldeten sich auch Dr. Marci Bowers und Erica Anderson zu Wort. Bowers ist eine weltweit anerkannte Spezialistin für Vaginalplastiken im kalifornischen Burlingame, sie hat Tausenden Mann-zu-Frau-Transsexuellen aus deren Penis chirurgisch sogenannte Neo-Vaginas geformt. Anderson ist klinische Psychologin an der »Child and Adolescent Gender Clinic« an der University of California in San Francisco. Beide sind Mitglieder der »World Professional Association for Transgender Health« (WPATH). Die Organisation veröffentlicht seit ihrer Gründung im Jahr 1979 die »Standards of Care«, also Standards für die Behandlung von Menschen mit Geschlechtsdysphorie. Marci Bowers und Erica Anderson sehen diese Behandlung mittlerweile teilweise kritisch, speziell, was die frühe Gabe von Pubertätsblockern bei Kindern und Jugendlichen anbelangt.

In einem Interview mit Abigail Shrier erläutern sie das Risiko, dass Kinder, deren Pubertät früh blockiert wird und die dann mit gegengeschlechtlichen Hormonen behandelt werden, nicht nur unfruchtbar werden können. Auch ihre Sexualfunktion könne schwer gestört sein. Es »ängstige« sie, dass »diese Kinder, die nie einen Orgasmus erlebt haben, bevor sie sich der Operation unterziehen, im Erwachsenenalter realisieren, dass sie sexuell nicht reagieren«. Sie sei »in Sorge um die sexuelle Gesundheit« dieser Kinder und »ihre spätere Fähigkeit, Intimität zu erleben«.

Psychologin Anderson hingegen beklagt die »schlampige Gesundheitsversorgung« gerade von Mädchen mit Geschlechtsdysphorie. Sie würden »durch die Medikalisierung getrieben«, während man dabei »versage, ihre Krankheitsgeschichte und ihre psychische Gesundheit zu evaluieren und sie darauf vorzubereiten, eine so lebensverändernde Entscheidung zu treffen.« Die Folge: »Wir werden mehr junge Erwachsene haben, die ihre Entscheidung bereuen.« Marci Bowers und Erica Anderson sind übrigens beide selbst transsexuell.

In Frankreich veröffentlichten rund 50 MedizinerInnen, PsychologInnen und Intellektuelle im September 2021 einen Appell: »Wir können nicht mehr schweigen!« Auslöser war ein Beschluss der schottischen Regierung, nach dem »Kinder ab dem Grundschulalter ihren Namen und ihr Geschlecht in der Schule ohne Zustimmung der Eltern ändern können«. Die UnterzeichnerInnen, darunter die Philosophin Elisabeth Badinter und der Gynäkologe René Frydman, erklärten: »Was sich in unseren Nachbarländern abspielt, könnte auch in Frankreich sehr schnell geschehen.« Es sei nun »dringend notwendig, möglichst viele Bürger über das zu informieren, was schon morgen einer der größten gesundheitlichen und ethischen Skandale sein könnte, dem wir tatenlos zugesehen haben: die Kommerzialisierung des Körpers von Kindern«. Und weiter: »Indem man diesen Kindern einredet, dass ihnen bei der Geburt ein Geschlecht ›zugewiesen‹ wurde und dass sie es ohne Weiteres ändern können, werden sie zu lebenslangen Patienten gemacht: lebenslange Konsumenten von Chemikalien, die von Pharmaunternehmen vermarktet werden, und von immer mehr chirurgischen Eingriffen in der Verfolgung des chimärischen Traums eines Fantasiekörpers.«

Es melden sich weltweit aber auch zunehmend diejenigen zu Wort, die selbst Opfer der Transideologie geworden sind und sich heute wünschen, auf ihrem Weg besser und bewusster beraten worden zu sein: die sogenannten Detransitionierer. Also Menschen, meist Frauen, die ihre Transition bereuen und jetzt wieder im alten, ihrem biologischen Geschlecht leben. Frauen, die, wie Keira Bell, erst spät begriffen haben, dass nicht ihr Körper »falsch« war, sondern die Rollenzuschreibungen, die damit verbunden werden. Frauen wie Charlie Evans. Die 28-jährige Biologin aus Manchester, die sich mit 17 in einen Jungen verwandelte, lebt jetzt wieder als Frau. Sie kritisiert »die Bewegung, die Kindern, die nicht in die gängigen Geschlechterrollen passen, erklärt, sie seien im falschen Körper geboren« (siehe S. 84). Im Herbst 2019 hat Charlie Evans das »De-Transition Advocacy Network« gegründet, nachdem sie »Hunderte E-Mails aus der ganzen Welt« bekommen hat, »von Menschen, denen das Gleiche passiert ist wie mir«. Mit ihrem Netzwerk will Charlie Evans jenen ein Forum bieten, die sich über ihren schmerzhaften Weg austauschen und verhindern wollen, dass andere ihn ebenfalls gehen müssen.

Auch in Deutschland tun sich sogenannte Detransitioniererinnen zusammen. So haben die beiden Jetzt-wieder-Frauen Elie Van den Bussche und deren Lebensgefährtin Nele (siehe Gespräch S. 89) das Forum »Post Trans« gegründet, in dem sie Geschichten von detransitionierten Frauen zusammentragen. An einer Studie, für die Gender-Studentin Elie 237 Teilnehmerinnen befragte, nahmen Frauen aus einem Dutzend Ländern teil – von den USA bis Südafrika. 70 Prozent der Befragten gaben als Grund für ihre Detransition an: »Ich habe realisiert, dass meine Genderdysphorie andere Gründe hatte.« Jede Zweite erklärte: »Die Transition hat mir nicht geholfen.«

Sofias Mutter Hannah wünscht sich, dass ihre Tochter diese Geschichten liest. Damit sie nicht eines Tages eine dieser jungen Frauen ist, die ihren Schritt später bereuen.

EMMA♀

BLEIBT MUTIG!

O **Ja, ich möchte das EMMA-Probe-Abo*.**
Drei Hefte für nur 18 € (statt 30). P2022_abc

Name, Vorname
_____

Straße, Hausnummer
_____

PLZ, Ort
_____

Telefon, Geburtsdatum
_____

E-Mail
_____

* Das EMMA-Probe-Abo hat drei Ausgaben für 18 € (25 SFr). Wünsche ich danach keine weitere Belieferung, informiere ich spätestens nach Erhalt des dritten Heftes schriftlich. Andernfalls läuft das Abo weiter. Und ich erhalte 6 EMMA-Ausgaben zum Preis von 54 € im Jahr (75 SFr). Im Ausland zzgl. Versandkosten (außer Österreich und Schweiz). Ich kann das Abo jederzeit kündigen.

O **Ja, ich möchte bargeldlos mit Einzugsermächtigung zahlen und erhalte dafür ein Geschenk.**

IBAN
_____

Geldinstitut
_____

Datum, Unterschrift
_____

Antwort

Bitte frankieren

EMMA

LeserInnen-Service
ZENIT Pressevertrieb GmbH
Postfach 810640
70523 Stuttgart

Das Verschwinden der Frauen

Chantal Louis

Am 23. Juni 2021 stürmt Cubana Angel an die Rezeption des Wi Spa, eines Saunabades in Los Angeles, und will wissen, ob sie tatsächlich richtig verstanden hat, was Bedienstete des Bades ihr gerade erklärt haben: »Es ist also okay, wenn ein Mann in den Frauenbereich geht und seinen Penis Frauen und kleinen Mädchen zeigt?« Was war passiert? Ein Mann, so erklärt Cubana Angel, sei in den Frauen vorbehaltenen Teil der Sauna gekommen und habe sich dort mit entblößtem Penis vor die anwesenden Mädchen und Frauen gestellt. Auf ihre Beschwerde hin habe das Personal ihr erklärt, dass es nichts tun könne. Vor dem kalifornischen Gesetz dürfe die Person das, sofern sie sich »als Frau definiere«. Ein Gast an der Rezeption weist die Empörte zurecht: Es handle sich schließlich um eine »Transgender-Person«. Tumult bricht aus.

Cubana Angel, wie sie sich in den sozialen Medien nennt, nimmt diese Szene an der Rezeption mit dem Handy auf und stellt sie ins Netz. Die dreieinhalbminütige Aufnahme geht viral. Am folgenden Samstag versammeln sich mehrere Dutzend Menschen vor dem Wi Spa, gemeinsam mit Angel, um gegen Männer in der Frauensauna zu protestieren: »Protect Female Spaces!«

Nun gibt es auch Gegenproteste von »Transfrauen« sowie der »Antifa«, die die Demonstrierenden pro Schutz von Frauenräumen als »transfeindlich« beschimpfen. Die

Situation eskaliert, die Polizei greift ein. Der Vorfall schafft es bis in die internationalen Schlagzeilen.

Die Tatsache, dass auch rechte Gruppierungen sich dem Frauenprotest angeschlossen hatten, reicht, um diesen in den linksliberalen Medien zum »Anti-Trans-Protest« (*Guardian*) von »Rechtsextremen« (*Spiegel*) zu erklären. Cubana Angel, heißt es, habe den angeblichen Vorfall erfunden. Die gläubige Christin, so wird suggeriert, sei auf einem Kreuzzug gegen Transsexuelle.

Nun erklärt Cubana Angel via Videobotschaft noch einmal, worum es ihr geht: Sie sei keineswegs »transphob«, vielmehr sei es ihr völlig egal, wenn Männer Frauenkleider anzögen oder sich als Frau fühlten. Wenn aber jeder Mann, der »sich als Frau identifiziert«, zu geschützten Frauenräumen Zugang habe, dann könnten manche Männer dies missbrauchen: »Sexuelle Belästigung wird ansteigen und Pädophile werden die Situation ausnutzen. Das darf nicht passieren!«

Für den liberalen britischen *Guardian* ist das kein Argument. Er schreibt: »Der Aufruf, ›Frauenräume‹ zu schützen, ist zum Schlachtruf von Anti-Trans-Gruppen geworden, die fälschlicherweise suggerieren, dass transinklusive Politik Cis-Frauen gefährdet.«

Zwei Monate nach dem Vorfall im kalifornischen Saunabad verhaftet die Polizei den durch Cubana Angel bekannt gewordenen Darren Merager, so berichten die Medien. Der 1,90 Meter große Mann mit den schulterlangen blonden Haaren »definiert sich als Frau«. Fünf Frauen und ein Mädchen beschuldigen ihn, sie in den letzten Monaten im Wi Spa sexuell belästigt zu haben, indem er ihnen seinen erigierten Penis zeigte. Darren Merager ist der Polizei bekannt: Gegen ihn liegen mehrere Anzeigen wegen Exhibitionismus vor.

46

Vorfälle, die zeigen, wohin es führen kann, wenn biologische Männer sich in Frauenräume »hineindefinieren« können, machen immer wieder Schlagzeilen. So verklagte in Kanada die »Transfrau« Jessica Yaniv fünf Schönheitssalons, weil die auf die Behandlung von Frauen spezialisierten Mitarbeiterinnen sich geweigert hatten, dem biologischen Mann die Hoden mit Wachs zu enthaaren. In Großbritannien griff Karen White, eine »Frau« mit männlichen Sexualorganen, in der Haftanstalt Wakefield weibliche Mitgefangene sexuell an, so berichten unter anderem *Guardian* und *Independent*. White, vormals Stephen Wood, war als Mann wegen schwerer Sexualstraftaten, unter anderem an Kindern, zu lebenslanger Haft verurteilt worden. Die Behörden sahen sich schließlich genötigt, im März 2019 eine eigene Abteilung für Sexualstraftäter zu eröffnen, die sich »als Frauen definieren«.

Transaktivisten reagierten empört. White sei schließlich gar nicht wirklich transsexuell, sondern habe sich erst zur Frau erklärt, als er sich davon die Unterbringung im Frauengefängnis versprach. Was Staatsanwalt Christopher Dunn bestätigte: Die Staatsanwaltschaft gehe davon aus, dass der »angeblich« transsexuelle Beschuldigte lediglich eine »Rolle als Transgender nutze, um sich in Kontakt mit verletzlichen Personen zu bringen, die sie missbrauchen kann«.

Verständlicherweise befürchten Transfrauen die Gefahr, durch solche Geschehnisse und die Debatte darüber als potenzielle Sexualstraftäter verunglimpft zu werden. Dennoch müssen diese Debatten geführt werden. Denn für die betroffenen Frauen existiert ebenfalls eine sehr reale Gefahr: die, dass sexuell übergriffige Männer – ob transsexuell oder nicht – die Möglichkeit des Geschlechtswechsels qua Selbstdefinition nutzen, um in geschützte Frauenräume – wie Saunen oder Umkleiden – einzudringen. Es wäre darum angemessen, wenn die Solidarität, die Transmenschen von Feministinnen einfordern, keine Einbahnstraße wäre – sondern es nach solchen Vorfällen auch Verständnis für das Unbehagen und die Ängste von Frauen gäbe.

Denn dieses Unbehagen hat Gründe: Auch der Trend zur Unisex-Toilette bzw. -Umkleide, die von einigen Trans- und Queer-Aktivisten gefordert und auch schon eingerichtet werden, erweist sich als heikel: Neun von zehn angezeigten sexuellen Attacken in öffentlichen Schwimmbädern und Sportzentren in Großbritannien wurden in Unisex-Umkleiden begangen, berichtete die *Sunday Times* am 2. September 2018. Die Zeitung hatte eine »Freedom of Information Request«, also eine Anfrage an die zuständigen Behörden, gestellt.

Doch es geht nicht nur um die sexuelle Bedrohung von Frauen und Mädchen. Das Konzept einer Geschlechtswahl via »Sprechakt« macht auch möglich, dass biologische Männer sich auf alle Plätze definieren können, die bisher Frauen aus gutem Grund vorbehalten sind: Sie können in Vorständen, Jurys oder in der Politik auf quotierten Frauenplätzen antreten – wie der/die Bundestagsabgeordnete Ganserer aus Nürnberg, seit September 2021 als Tessa Ganserer für die Grünen im Parlament. Auf einem Frauenquotenplatz. Ganserer ist nach eigenen Angaben nicht operiert und hat bis heute (Februar 2022) keine Personenstandsänderung vornehmen lassen – was nach geltendem deutschen Recht auch ohne chirurgische Maßnahmen möglich wäre. Ganserer ist also physisch wie juristisch ein Mann. Er hat lediglich erklärt, er »fühle« sich als Frau. Und er nimmt sich die Freiheit, nicht nur sich, sondern gleich die ganze Biologie umzudefinieren. In der *taz* erklärte Ganserer: »Ein Penis ist nun mal nicht per se ein männliches Genital.« Ein schlechter Witz? Leider nicht.

»Transfrauen« können jetzt auch als »Frau« an Frauenwettkämpfen im Sport teilnehmen – wie die neuseeländische Gewichtheberin Laurel Hubbard. Die 43-Jährige ist im Alter von 34 Jahren zur Frau transitioniert und trat 2021 als erste Transfrau bei Olympia an – mit Aussicht auf eine Goldmedaille. Das Internationale Olympische Komitee bejubelte Hubbards Teilnahme als »Zeichen von Offenheit und Inklusion«. Sportlerinnen wie die belgische Gewichtheberin Anna van Bellinghen beklagten, dass diese Inklusion »auf Kosten anderer« gehe: der Frauen. Hubbard schied letztendlich überraschend wegen dreier Fehlversuche aus.

Für eine Kontroverse sorgte auch die Schwimmerin Lia Thomas. Die 22-Jährige Transfrau war drei Jahre lang als Mann für ihre College-Mannschaft der Pennsylvania-University angetreten. Nach ihrer Transition wechselte sie 2021 ins Frauenteam, wo sie in Serie die US-Rekorde brach. Cynthia Millen, langjährige Funktionärin im US-Schwimmverband, trat aus Protest zurück. Denn das sei »hochgradig unfair« gegenüber den Schwimmerinnen. »Schwimmen ist ein Sport, bei dem Körper gegen Körper antreten, nicht Identitäten gegen Identitäten«, erklärte Millen.

Zustimmung bekam die Schwimm-Funktionärin von Caitlin Jenner. Sie sei »dagegen, dass biologische Jungen, die trans sind, sich im Mädchensport in der Schule messen dürfen«, erklärte die Transfrau, die früher als Zehnkämpfer

Bruce Jenner im Spitzensport Erfolge feierte. Es sei »eine Frage der Fairness«, den »Mädchensport in den Schulen zu schützen«.

Zur faktischen Bedrohung und Benachteiligung von Frauen kommt deren symbolische Auslöschung. Immer, wenn Sprache und Symbole nicht »transinklusiv« sind, sollen Frauen daraus verschwinden. So protestierten »Transaktivist*innen« in den USA gegen den »Pussyhat« (die pinke Strickmütze in Katzenohrenform, die zum weltweit leuchtenden Symbol des »Women's March« wurde, bei dem nach dem Wahlsieg von Donald Trump Hunderttausende Frauen in Washington und anderen US-Städten auf die Straße gingen). Die Mütze symbolisiere das weibliche Sexualorgan, was Menschen ausschließe, die »sich als Frau definieren, aber keine Vagina haben«. Im Klartext: Millionen Frauen sollten auf ein Symbol verzichten, das auf ihre Diskriminierung als Frauen verweist (Trump: »You can grab them by the pussy!«), weil sich einige Transfrauen »ausgeschlossen« fühlen.

Erfolg hatte der Protest von Transmännern beim amerikanischen Bindenhersteller »Always«: Das Unternehmen »Procter & Gamble« erklärte die Entfernung des Venussymbols – das seit den 1970er-Jahren das Symbol der Frauenbewegung ist – in der *Daily Mail* so: »Wir stellen fest, dass sich nicht jeder, der eine Periode hat und eine Binde benötigt, als weiblich identifiziert.«

Im Sommer 2021 nahm *Unicode,* ein Konsortium, dem große Software-Unternehmen von IBM bis Apple angehören, ein neues Emoji in seine offizielle Liste auf: den schwangeren Mann. Denn, so heißt es nun: Auch Männer können schwanger werden. Passend dazu wiesen An-

ᵢang 2021 mehrere englische Unikliniken ihre Hebammen
an, künftig statt des Wortes »Breastfeeding« – das Stillen
von Babys an der weiblichen Brust – den »inklusiven« Begriff »Chestfeeding« (Chest = Brustkorb) zu verwenden
und das Wort »Muttermilch« (breastmilk) durch »Men-
schenmilch« (human milk) zu ersetzen. Begründung: »Elemente der gängigen Narrative und Diskurse um die Geburt
sind biologistisch und transphob.« Immer öfter ist jetzt
von »schwangeren Menschen« die Rede. Zum Beispiel in
den Informationsmaterialien der US-Gesundheitsbehörde
CDC (Centers for Disease Control and Prevention): Die
Corona-Impfung sei »safe for Pregnant People«. Und das
schottische Gesundheitsministerium richtet seine Kampagne für einen Gebärmutter-Abstrich an »anyone with a cer-
vix« – jedeN mit einer Gebärmutter.

Die Nationale Ethikkommission der Schweiz empfiehlt,
den Begriff »Mutter« aus den Gesetzestexten zu streichen
und zu ersetzen durch »die Person, die das Kind geboren
hat«. Denn, so Kommissionspräsidentin Andrea Büchler:
»Das entscheidende Kriterium, ob ein Mensch als Mutter definiert wird, ist also die Geburt und nicht das Geschlecht.«

Selbst der Begriff »Frau« gilt in manchen sich als »woke«
verstehenden Kreisen inzwischen als anstößig. Von »weiblich gelesenen Menschen« ist nun die Rede. Oder von
»FLINTA*-Personen«. Die »Frau« verschwindet in einer Buchstabengruppe, die Frauen, Lesben, Intersexuelle,
Nichtbinäre, Transsexuelle sowie »Agender« (also Menschen ohne Geschlechtsbezeichnung) bezeichnet. Dabei ist
es in einer sexistischen Welt, in der Frauen nach wie vor
aufgrund ihres Geschlechts diskriminiert oder gar getö-

tet werden, absolut notwendig, Frauen als gesellschaftliche Gruppe zu betrachten und zu erfassen.

In seiner Ausgabe vom 25. September 2021 titelte das renommierte Wissenschaftsmagazin *The Lancet* mit dem Satz: »In der Geschichte wurden Anatomie und Physiologie von Körpern mit Vaginas lange vernachlässigt.« Körper mit Vaginas? Gemeint waren Frauen. Deren besondere Bedürfnisse waren in der Medizin in der Tat lange ein blinder Fleck. Dass ausgerechnet in der Ankündigung eines Artikels über dieses Thema das Wort »Frau« nicht vorkam, sorgte für Empörung. Man habe eine »inklusive, niemanden ausschließende Sprache« verwenden wollen, rechtfertigte sich *The Lancet*. Allerdings: In der vorausgegangenen Ausgabe über Prostatakrebs hatte das Magazin durchweg von Männern gesprochen – keineswegs von »Körpern mit Hoden«.

Es ist absurd: Feministinnen, die seit den 1970er-Jahren um die Sichtbarkeit von Frauen in der Sprache kämpfen und dabei sehr weit gekommen sind, werden nun von gleich zwei Seiten Knüppel zwischen die Beine geworfen: hier die reaktionären Kräfte, die finden, Frauen sollten sich im generischen Maskulinum wie seit Jahrhunderten »mitgemeint« fühlen – dort die angeblich fortschrittlichen Kräfte, die den Begriff »Frau« zum gestrigen, zum biologistischen Konstrukt erklären. Die Folge ist in beiden Fällen dieselbe: Frauen verschwinden aus der Sprache.

Dabei müsste all denen, die sich die »Wokeness« auf die Fahnen geschrieben haben, eigentlich längst aufgefallen sein, dass das Konzept des Geschlechts per Selbstdefinition eines ist, das sie an anderer Stelle kompromisslos anprangern: Es ist das der viel gescholtenen »kulturellen Aneignung«. Es besagt: Wer sich ein Merkmal einer anderen Kultur aneignet, handelt verwerflich, sofern diese Kultur eine unterdrückte ist und er oder sie zur Kultur der Unterdrücker gehört. Beispiel: Dreadlocks. Markenzeichen der Rastafari oder hinduistischer Sadhu-Mönche. Weiße Menschen, die Dreadlocks tragen, eignen sich also ein Merkmal einer unterdrückten, weil post-kolonialisierten Kultur an – was aus Sicht von IdentitätspolitikerInnen ein No-Go ist.

Was aber tut ein Mann, der sich zur Frau erklärt? Er eignet sich als Mitglied der im Patriarchat herrschenden Klasse – angeblich – die Eigenschaften der Mitglieder der unterdrückten Klasse an: der Frauen. Es handelt sich beim Trans-Phänomen also um den einzigen Fall kultureller Aneignung, der nicht nur nicht verpönt ist, sondern sogar als fortschrittlich gilt. Bei keiner anderen gesellschaftlichen Gruppe wäre das möglich.

Man stelle sich vor, ein weißer Mensch würde sich »als schwarz definieren«. Zu Recht ist das undenkbar. Auch wenn es schon passiert ist – aber es wurde prompt scharf kritisiert.

Zu Recht würde der schwarze Mensch darauf hinweisen, dass er nicht nur eine andere Hautfarbe hat, sondern aufgrund dieser Hautfarbe potenziell und tatsächlich Opfer von Rassismus ist. Und dass die Gruppe schwarzer Menschen historisch eine andere Geschichte der Unterdrückung hat. Frauen jedoch, die Transfrauen darauf hinweisen, dass sie einen Teil ihres Lebens als Mann verbracht und daher nicht die gleichen sexistischen Diskriminierungserfahrungen gemacht haben, werden als »transphob« diskreditiert.

Überhaupt weht Frauen ein scharfer Wind entgegen, wenn sie ihre faktische Bedrohung und symbolische Auslöschung als Frauen anprangern. Für sie hat der militante Teil der Trans-Community ein Schimpfwort kreiert: TERF, also »Trans Exclusionary Radical Feminist«. Der Hass auf »Terfs« ist in diesen Kreisen groß und wird in einschlägigen Foren propagiert. »Punch a Terf!« oder »Kill a Terf!« sind beliebte Slogans, die getwittert oder auf T-Shirts getragen werden. Der Vorwurf an die »Terfs« lautet: Sie seien »rechts«, ja »faschistoid«. Wer zur »Terf« erklärt wird, läuft sehr rasch Gefahr, gecancelt zu werden. Das musste zum Beispiel Eve Ensler erfahren, die Autorin der »Vagina-Monologe«. Enslers berühmtes Stück war 2015 am Mount Holyoke College gecancelt worden, einem der ältesten Women Colleges der USA. 2014 hatte die Leitung beschlossen, die Hochschule auch für Trans- und »nicht-binäre« Menschen zu öffnen. Ein Jahr später erklärten StudentInnen die »Vagina-Monologe« für »unaufführbar«. Begründung: Das Stück habe »eine extrem enge Perspektive darauf, was es heißt, eine Frau zu sein«.

Man muss daran erinnern, dass Eve Ensler selbst einige Jahre zuvor das Stück mit Transfrauen aufgeführt hatte, wie sie selbst berichtet. Sie sei »begeistert« gewesen, als diese Transfrauen ihr das Projekt vorgeschlagen hatten, und hatte gemeinsam mit ihnen an einer passenden Fassung gearbeitet. Den so cancelfreudigen StudentInnen erklärte Ensler: »Inklusion heißt, dass man anderen zuhört und das Recht eines jeden respektiert, über seine oder ihre Realität zu sprechen – ohne dabei mundtot gemacht zu werden.« Und Ensler erklärte auch, wie diese Realität für Milliarden Frauen auf der Welt aussieht: »51 Prozent der Bevölkerung haben Vaginas, Vulvas und Klitoris, und viele davon fühlen sich nicht wohl und frei damit oder dürfen nicht frei über sie verfügen.«

Fünf Jahre nach dem Vorfall am Mount Holyoke College

geht es noch einen Schritt weiter. Jetzt werden öffentlich Bücher verbrannt. Nicht die »Vagina-Monologe«, sondern Harry-Potter-Bände. Auslöser: Die Autorin der Weltbestseller, J. K. Rowling, hatte sich in einem Tweet mit Maya Forstater solidarisiert.

Forstater, Steuerexpertin bei dem internationalen Thinktank »Global Development Center«, hatte sich öffentlich gegen das Konzept der »Self-Identification« ausgesprochen.

Auch in England sollte ein »Selbstbestimmungsgesetz« eingeführt werden. Es sollte das bisherige Transsexuellengesetz ablösen. Seit 2004 dürfen dort Transsexuelle ihren Personenstand gemäß dem »Gender Recognition Act« ändern. Sie müssen dazu medizinisch bestätigt unter Genderdysphorie leiden, zwei Jahre im anderen Geschlecht gelebt haben und beabsichtigen, das für den Rest ihres Lebens zu tun. Nun aber sollte auf Druck von TransaktivistInnen qua Gesetz das Geschlecht per »Selbstdefinition« eingeführt werden. Maya Forstater gehörte zu den Feministinnen, die das kritisch sehen. Sie hatte getwittert: »Die gesetzliche Definition von ›Frau‹ so radikal auszuweiten, dass sie Männer einschließt, macht die Kategorie ›Frau‹ bedeutungslos und wird Frauenrechte und den Schutz von Frauen und Mädchen untergraben.« Und weiter: »Ich akzeptiere die Gender-Identität eines jeden, ich glaube nur nicht, dass Menschen ihr biologisches Geschlecht ändern können.«

Daraufhin wurde ihr Vertrag bei dem Thinktank wegen »Transphobie« nicht verlängert. Inzwischen hat Forstater, die gegen die Kündigung klagte, recht bekommen: »Die Haltung der Klägerin, die weithin geteilt wird«, erklärte das Londoner Gericht, sei eine »geschützte philosophische

Überzeugung«, die »in einer demokratischen Gesellschaft toleriert werden müsse«.

Das sahen diejenigen anders, die J. K. Rowling mit einem gigantischen Shitstorm überzogen und sie als »Schlampe« und »Fotze« beschimpften. Es nützte auch nichts, dass die Feministin ausführlich erklärte, warum es ihr so wichtig sei, über das biologische Geschlecht und geschützte Räume für Frauen zu sprechen: Rowling offenbarte erstmals, dass sie selbst früher Opfer einer Gewaltbeziehung gewesen war. Heute engagiert sie sich unter anderem für weibliche Strafgefangene, von denen sich viele mit Gewalt aus einer solchen Beziehung befreit haben.

Sie investiert außerdem in die Erforschung Multipler Sklerose. Ihre Mutter starb an der Krankheit, die – wie viele Autoimmunerkrankungen – vor allem Frauen trifft. Auch deshalb ist es der Feministin Rowling so wichtig, dass die Bedeutung des Geschlechts und damit auch des Geschlechtskörpers nicht verloren geht. Nach jahrzehntelangem Kampf der feministischen Frauengesundheitsbewegung widmet sich die Medizin endlich den Unterschieden zwischen Frauen- und Männerkörpern – anstatt den Mann als Norm, als Maßstab zu setzen. Die Leugnung des biologischen Körpers torpediert diesen Fortschritt. Feministinnen haben nie die Bedeutung des Körpers infrage gestellt, im Gegenteil: Dass Frauen menstruieren, dass sie schwanger werden können, dass sie eine Schwangerschaft verhindern oder beenden wollen, dass ihr Körper das Schlachtfeld des Geschlechterkrieges war und ist – all das stand stets im Fokus, ja war Auslöser der Frauenbewegung. Wogegen sich der Kampf der Feministinnen richtete und richtet, ist nicht der Sex (das biologische Geschlecht), sondern ist Gender, die Rollenzuschreibungen.

In England gelang es engagierten Feministinnen in letzter Minute, das »Self-Identification«-Gesetz zu verhindern. Sie hatten Initiativen gegründet wie »Fair Play for Women« oder »Standing for Women«, ihre Argumente in die Öffentlichkeit getragen und schließlich die Regierung überzeugt. Die zog die Gesetzinitiative zurück.

Trotzdem oder gerade deshalb dauert die Hetzjagd gegen J. K. Rowling an. Sie erklärte auf Twitter, sie habe inzwischen »so viele Morddrohungen bekommen, dass ich mein Haus damit tapezieren könnte«.

J. K. Rowling ist zwar das prominenteste Opfer der Trans-Polizei und ihrer »Allies«, aber bei Weitem nicht das einzige. In Großbritannien wurden reihenweise Frauen – Professorinnen, Journalistinnen, Aktivistinnen – von Veranstaltungen ausgeladen oder mit Klagen bedroht. So die *Guardian*-Journalistin Suzanne Moore, ausgezeichnet als »Kolumnistin des Jahres« und Trägerin des Orwell-Preises 2019. Im März 2020 schrieb Moore: »Frauen sind im Kampf gegen ihre Unterdrückung vorwärtsgekommen, indem wir unsere Körper, unsere Menstruation, unsere Geburten und die Wechseljahre zum Thema gemacht haben. Wir wollen nicht, dass unsere Körper jetzt aus dem Drehbuch geschrieben werden.« Folge: 338 MitarbeiterInnen des *Guardian* schrieben einen Beschwerdebrief wegen des »transphoben Inhalts« der Kolumne. Suzanne Moore kündigte schließlich, zermürbt von den Anfeindungen. Genau wie Kathleen Stock. Auch die Philosophie-Professorin war von Trans-AktivistInnen und deren »Allies«, also Verbündeten, derart massiv bedrängt, bedroht und verfolgt worden, dass sie erschöpft aufgab.

18 Jahre lang hatte Stock an der Universität von Sussex gelehrt und war für ihre Verdienste sogar mit dem »Or-

der of the British Empire« ausgezeichnet worden. Sie ist Feministin, offen homosexuell und mit einer Frau verheiratet. Und sie hat im Mai 2021 ein Buch über Transsexualität veröffentlicht: »Material Girls – Why Reality Matters for Feminism«. Darin erklärt sie: »Ich glaube, dass Transmenschen frei von Diskriminierung, Gewalt und Bedrohungen leben sollen. Ich unterstütze mit Nachdruck das Gleichstellungsgesetz, das ›Geschlechtsangleichung‹ als geschütztes Merkmal ausweist und die Diskriminierung von Transmenschen untersagt.« Doch Stock vertritt in ihrem Buch auch die These, dass die sogenannte »Geschlechtsidentität« – also die Vorstellung, dass es ein »gefühltes Geschlecht« gebe, das über dem biologischen Geschlechtskörper steht – wissenschaftlich nicht haltbar sei. Und sie kritisiert wie andere, dass biologische Männer, die sich »als Frauen definieren«, Zugang zu geschützten Frauenräumen haben sollten.

Daraufhin lancierten TransaktivistInnen Shitstorms gegen die »transphobe« Professorin, sie organisierten Demos, plakatierten öffentlich Slogans wie »Stock Out!« und initiierten einen »offenen Brief gegen Transphobie in der Philosophie«. 600 DozentInnen unterzeichneten das Pamphlet, darunter auch einige deutsche.

Bereits im März 2021 war Stock vom Berliner »Leibniz-Zentrum für Allgemeine Sprachwissenschaft« (ZAS) ausgeladen worden. Zuvor hatte die Akademie das von Stock eingereichte Abstract als »wonderful« bezeichnet. Nachdem jedoch eine Teilnehmerin der Online-Konferenz erklärt hatte, sich in Stocks Nähe »unwohl« zu fühlen, wurde die Britin ausgeladen: Ihr Vortrag sei »mit den Werten des ZAS nicht vereinbar«. Im September 2021 reichte Stock schließlich bei ihrer Universität von Sussex die Kündigung ein. Kommentar auf Twitter: »Die Hexe ist tot.«

Als »Terfs« verunglimpft und massiv unter Druck gesetzt werden aber auch lesbische Frauen, die bekunden, dass Menschen mit männlichen Geschlechtsorganen als Sexualpartner für sie nicht infrage kommen. Die Britin Angela Wild analysierte Datingportale auf diese Frage hin und befragte homosexuelle Frauen nach ihren Erfahrungen. Ergebnis: Die Befragten beklagten einen »großen Druck«, dem sie ausgesetzt seien, wenn sie erklären, nicht mit biologischen Männern Sex haben zu wollen, die sich »als Frauen definieren«. Sie berichteten von massiver verbaler Gewalt bis hin zu Vergewaltigungs- und Todesdrohungen sowie von körperlichen Übergriffen. Titel der Studie: »Lesbians at Ground Zero – How Transgenderism is Conquering the Lesbian Body«.

Auch in Deutschland hat die Cancel Culture im Namen des Transaktivismus inzwischen Einzug gehalten. Und die Einschüchterung funktioniert nicht nur über wohlorchestrierte Shitstorms, sondern auch über Geldtöpfe. Das bekam im Frühjahr 2021 das LesbenFrühlingsTreffen (LFT) zu spüren. In mehreren Workshops wollte sich das seit 1974 existierende Treffen frauenliebender Frauen mit den für sie hochproblematischen Folgen des Transaktivismus befassen. Als Referentin eingeladen waren zum Beispiel Angela Wild und eine »detransitionierte« lesbische Frau, die über die einengenden Rollenbilder sprechen wollte, die sie in die Transition gedrängt hatten.

Das stieß auf Widerstand. Erfolgreich. So strich auf Druck von TransaktivistInnen die Bremer Frauensenatorin (Die Linke) in einem Schreiben den zugesagten Zuschuss über 9000 Euro. Begründung: Das LFT sei »transphob« und schließe »trans*Lesben aus« (was nicht stimmte). Auch die Magnus-Hirschfeld-Stiftung »distanzierte« sich und erklärte: Hätte man die »trans*feindlichen Programmpunkte« gekannt, hätte man das LFT nicht gefördert. Künstlerinnen und Referentinnen wurden bedrängt, ihre Workshops und Auftritte zurückzuziehen. Im Netz wurden die Bremer LFT-Organisatorinnen als »faschistoid« und »menschenverachtend« beschimpft.

Doch es gab auch Solidarität von Frauen, die nun begriffen, wie weit Sprech- und Denkverbote bereits in die sogenannte LGBTIQ-Community eingedrungen sind – und wie vehement sie durchgesetzt werden. Auch in Deutschland haben sich inzwischen, wie in Großbritannien, Initiativen wie »Fair Play für Frauen« oder »Geschlecht zählt« gegründet. Sie wollen verhindern, dass der Schutz und die Rechte von Frauen den Forderungen eines fanatisierten Transaktivismus geopfert werden.

Vergeblich auf Solidarität hoffte dagegen David Allison. Der wissenschaftliche Mitarbeiter der grünen Landtagsabgeordneten Cindy Holmberg hatte sich als Mann auf einen quotierten Frauenplatz im Vorstand seines Ortsverbandes Reutlingen beworben. Er hatte das nicht ernst gemeint. Es war eine ironische Provokation. Allison wollte das Vorhaben seiner Partei, die Transition via Sprechakt zum Gesetz zu machen, ad absurdum führen. Das gelang ihm.

Der Mann mit dem Dreitagebart erklärte auf der Mitgliederversammlung des Kreisverbandes der Grünen, er definiere sich als Frau und dürfe daher laut dem Grünen-Grundsatzprogramm als Frau für den Vorstand kandidieren. Nach kurzer Diskussion durfte er das. Gewählt wurde

David Allison zwar nicht, doch er hatte gezeigt, wohin das von den Grünen geplante »Selbstbestimmungsgesetz« führen könnte.

Der Grüne-Mann hatte auf eine Debatte gehofft. Doch die blieb aus. Seine Aktion fand sich weder im Protokoll noch in der Pressemitteilung über die Versammlung wieder. Das Totschweigen ärgerte Allison und er ging an die Presse. *EMMA,* die *FAZ* und die *Stuttgarter Zeitung* berichteten. Wenige Wochen später war David Allison arbeitslos. Seine Arbeitgeberin, die Grüne-Landtagsabgeordnete Cindy Holmberg, hatte ihn im Oktober 2021 entlassen. Über die Gründe für die Kündigung wollte Holmberg auf Anfrage keine Angaben machen. Sie habe diese Gründe Allison »bei der persönlichen Übergabe mündlich dargelegt«. David Allison, der nach seiner Freistellung noch drei Monate lang weiter sein Gehalt bezog, wollte sich öffentlich ebenfalls nicht äußern. So bleibt ein Zusammenhang offen.

Noch einmal zurück zu Darren Merager und dem Wi Spa in Los Angeles. Der notorische Sexualverbrecher ist inzwischen zu drei Jahren Gefängnis verurteilt worden. Von einer Solidaritäts-Demo von TransaktivistInnen und der ›Antifa« mit Cubana Angel und den anderen Opfern ist nichts bekannt. Darren Merager wird seine Haftstrafe übrigens in einem Frauengefängnis verbüßen.

TRANSEXUELLE ÜBER SICH

TRANSSEXUELLE ÜBER SICH

Ich wollte als Mann nicht mehr leben

Leandra Honegger

Leandra Honegger (50) ist als Mann geboren und lebt heute als Transfrau. Sie ist gegen das geplante Selbstbestimmungsgesetz und solidarisch mit Feministinnen, die durch den Geschlechtswechsel als »Sprechakt« nicht nur geschützte Frauenräume bedroht sehen. Alice Schwarzer und Chantal Louis sprachen im Jahr 2021 mit der Schweizerin.

Leandra, du hast dich in Internet-Debatten zwischen Feministinnen und Transfrauen, die dort in einen heftigen Konflikt über geschützte Frauenräume geraten sind, auf die Seite der Feministinnen geschlagen. Warum?
Ich habe mich vor einem Dreivierteljahr entschieden, die Transition zu machen, und dachte, die Welt und insbesondere die Frauen seien offen dafür. Ich habe mich ganz selbstverständlich als Frau betrachtet, habe in Online-Diskussionen diese Haltung vertreten und bin dann bei ersten Diskussionen mit Frauen aus der feministischen Szene angeeckt. Ich konnte in keinster Weise verstehen, warum sie mich nicht mit offenen Armen empfangen als eine der ihren. Mir fiel dann in der Diskussion eine Frau auf, die Fragen über unser »Frausein« gestellt hat. Die habe ich kontaktiert.

Wie hat sie denn argumentiert?
Katharina (Name geändert) hat mir erzählt, dass sie ver-

gewaltigt wurde und dass sie, wenn ich mich zum Beispiel in einer Umkleide neben ihr umziehen würde, Angst hätte. Sie würde dann von mir aus dem Raum vertrieben. Und das habe ich sehr gut verstanden. Solange ich meine OP nicht gemacht habe, würde ich mich in einer Frauenumkleide auch sowieso nicht wohlfühlen. Katharina hat mir dann Beispiele aus Ländern genannt, die die sogenannte Self-ID umgesetzt haben. Dort können sich Menschen per Selbstdeklaration einfach als zum anderen Geschlecht zugehörig definieren und eine Personenstandsänderung vornehmen lassen. Und dort gibt es immer wieder Beispiele von Transfrauen mit Penis, die sich richtig in Frauenräume reindrängen. Das schlimmste Beispiel ist dieser Sexualstraftäter in England, der sich zur Transfrau erklärt hat und im Frauengefängnis Frauen vergewaltigt hat. Das ist ja an Perfidie nicht zu überbieten.

Wie definierst du dich denn selbst?
Zu 120 Prozent als Frau! (lacht) Ich habe mich selbst gefunden. Mir ist wirklich sehr wohl in meiner Haut. Aber ich finde den Gedanken absurd, mich als Frau zu bezeichnen. Ich betrachte mich als Transfrau. Denn ich habe bis zu meinem 50. Lebensjahr als Mann gelebt und habe einfach eine andere Sozialisierung und eine andere körperliche Realität als biologische Frauen.

Haben sich denn die Reaktionen deines Umfeldes auf dich verändert?
Ich mache da sehr interessante Erfahrungen. Zum Beispiel, wenn ich mich im Internet politisch äußere. Da werde ich dann schon mal etwas herablassend kommentiert. »Gerade

Sie als Frau müssten doch …« finde ich zum Beispiel deplatziert. Männer haben mich auch schon betatscht. Ich kannte das ja nicht, ich bin das nicht gewöhnt. Als das das erste Mal passiert ist, war ich komplett baff. Beim zweiten Mal hab ich dann gesagt: »Noch einmal und es macht peng!«

Das kann man mit zwei Metern Körpergröße ja auch gut sagen …
Ja klar. Ich habe außerdem zehn Jahre Kickboxen gemacht. Ich muss nicht wirklich Angst haben, wenn ich durch die Straßen laufe. Aber ich habe natürlich von anderen Transfrauen mitbekommen, dass sie belästigt und auch zusammengeschlagen wurden. Was ich in der Debatte sehr interessant finde: Diese Transrechts-Inquisitoren, so nenne ich sie mal, die schießen sich nur auf Frauen ein. Nicht auf die Männer, die diese misshandeln oder vergewaltigen. Ich weiß nicht, ob das womöglich aus Neid passiert. Ich habe auch mein Leben lang Neid auf Frauen empfunden, weil ich selbst lieber eine Frau gewesen wäre.

Du hattest das extrem dringliche Bedürfnis, als »Frau« zu leben – was immer du darunter verstehst. Das hättest du ja auch sozial tun können. Warum musstest du dazu deinen Körper verändern?
Ich habe mit fünf Jahren angefangen, eine Eifersucht auf Mädchen zu verspüren. Ich habe mich immer gefragt: Warum bin ich kein Mädchen? Als mir dann in der Pubertät überall Haare wuchsen und der Stimmbruch kam, habe ich darunter sehr gelitten.

Nun könnte man ja auch sagen: Ich nehme mir als Mann gewisse Freiheiten. Ich schminke mich, habe lange Haare und ziehe auch mal einen Rock an.

Jein. Wenn man das macht, ist das ein schönes Gefühl. Aber sobald man wieder zurückgeht, ist die Leere noch größer. Es ist wie eine Ersatzbefriedigung. Ich fühle mich heute besser, und das liegt nicht nur an Äußerlichkeiten, sondern auch an der Hormontherapie, die ich mache.

Warum hast du die Transition dann gerade letztes Jahr begonnen?

Ich hatte eine Trennung zu verarbeiten und wollte als Mann nicht mehr weiterleben. Ich habe Riesenprobleme vor mir gesehen. Aber dann dachte ich: Was habe ich denn überhaupt noch zu verlieren? Und dann habe ich mich für die Transition entschieden. In der Abteilung für Geschlechtervarianz der Uni Basel wurde relativ unkompliziert ein Gutachten erstellt. Im November 2020 habe ich mit der Hormontherapie begonnen. Und in ein paar Monaten möchte ich die Genital-OP machen lassen.

Wie haben deine Eltern reagiert?

Meine Mutter war relativ locker. Mein Vater wollte mich zuerst nicht mehr sehen, hat dann aber gemerkt, dass er sich damit eigentlich nur selbst bestraft. Er weigert sich, mich Leandra zu nennen. Dann soll er halt Michael sagen.

Und im Beruf?

Ich bin selbstständig. Ich mache Briefmarkenauktionen und ich habe mit einem Kollegen einen Heavy-Metal-CD- und -Schallplattenladen. Und ich habe noch nicht eine negative Reaktion von meinen Kunden gehabt. Einmal hat mich ein Heavy-Metal-Fan in einer Kutte umarmt. Er hat fast geweint und gesagt: »Ich habe das doch nicht gewusst!« Auf der Straße gibt es schon mal einen blöden Spruch. Beruflich und in meinem Freundeskreis gibt es natürlich auch kritische Stimmen, aber Ablehnung – nein.

Hast du noch dieselben Freunde?
Ja. Und viel mehr als zuvor. Mir ist jetzt in meiner Rolle pudelwohl. Ich hatte zum Beispiel immer Probleme, jemanden zu umarmen. Menschen durften mir einfach nicht zu nahe kommen. Das konnte ich alles ablegen, dieses lebenslange Versteckspiel. Ich bin glücklich geworden und ich habe das Gefühl, ich bin heute, so wie ich bin, jetzt authentisch. Aber ich nehme nicht für mich in Anspruch, eine Frau zu sein.

Sondern?
Eine Transfrau.

Als solche erfährst du ja, wie du erzählst, nun auch die negativen Seiten des Frauseins, zum Beispiel Geschlechterstereotype …
Ja. Die Logopädin, zu der ich gegangen bin, hat mir nicht nur gezeigt, wie ich meinen Ton anders bilde, sodass ich höher spreche. Sondern sie wollte mir auch beibringen, wie ich Sätze anders betone. Zum Beispiel hat sie erklärt, dass Frauen Sätze oft mit der Stimme nach oben beenden, wie eine Frage. Aber als sie dann mit mir üben wollte, im Gespräch affirmativ zu nicken, weil Frauen das angeblich so machen, war es für mich vorbei. Ich dachte, ich spiele

eine Scharade. Da habe ich ihr gesagt, dass ich nicht mehr komme. Die Logopädin hat mir dazu gratuliert.

Könnte man es so sagen: Wenn du das jetzt alles bis zum Ende durchgezogen hast, verstehst du dich im Grunde als Summe aus einem längeren Leben als Mann und jetzt einem neuen Leben als Frau?
Ja. Katharina hat mir einmal gesagt: Du kommst mir vor wie ein Wesen zwischen den Welten. Und das fand ich sehr schön. Es ist noch nicht mal ein Jahr her, dass ich überzeugt war, dass ich die Gesichtschirurgie und alles mache. Aber das interessiert mich nicht mehr die Bohne. Das Einzige, was ich noch mache, ist die Genitalchirurgie. Ich will auf keinen Fall eine Transfrau mit Penis sein.

Wenn wir nun in einer Welt leben würden, in der es diese einengenden Geschlechterrollen nicht gäbe – wärst du dann immer noch transsexuell? Würdest du dann immer noch deinen Penis so stark ablehnen?
Ich weiß es nicht, weil wir nicht in einer solchen Welt leben.

Hat dein Penis dich immer schon gestört?
Ja. Ich habe schon im Kindergartenalter manchmal eine Schere drangehalten und wollte ihn abschneiden. Auch sexuell war es so, dass ich nicht einen einzigen Orgasmus in meinem Leben hatte, bei dem ich mich selbst nicht als Frau imaginiert habe. Diese Gedankenakrobatik ist irgendwie auch ein Kraftakt. Auch da habe ich mit der Zeit etwas verstanden. Ich habe früher oft klischeehafte Sachen getragen, im Bett zum Beispiel Strümpfe. Mir wurde dann irgendwann bewusst, dass das einer männlichen Projektion ent-

sprang. Mein Drang, mich weiblich fühlen zu wollen, hat mich sozusagen die Extreme der weiblichen Kleidung fetischisieren lassen. Heute trage ich am liebsten Shirt, Jeans oder Rock und Sneakers.

Nun gibt es ja Transfrauen, die keine genitalchirurgischen Maßnahmen an sich vornehmen lassen, sich als »lesbisch« definieren und behaupten, der Penis sei ein »weibliches Sexualorgan«.
Und die lesbischen Frauen, die z. B. auf Datingplattformen sexuellen Kontakt mit ihnen ablehnen, als transphob beschimpfen. Das ist einfach lächerlich bis zum Gehtnichtmehr. Die leben einfach in einer Blase, in der die Sprache die Realität bestimmt. Und ich finde diese Art, Realität zu verleugnen, einfach komisch.

Der Satz »Transfrauen sind Frauen« wird ja in Teilen der Trans-Community mit großer Vehemenz vertreten. Und wer da widerspricht, wird exkommuniziert. Wie war das bei dir?
Ich wurde im Netz als »Untermensch« beschimpft, mir wurde »internalisierte Transphobie« vorgeworfen. Ich bin inzwischen aus jeder Trans-Gruppe ausgetreten. Ich möchte mit dieser Art Dogmatismus nichts zu tun haben. Und wo es mir den Deckel gelupft hat, das war bei dem Konflikt um das LesbenFrühlingsTreffen 2021 in Bremen. Ich fand die Art, wie sie mit den Veranstalterinnen umgegangen sind, wirklich zum Kotzen. Auf diesem Event wurde derartig herumgetrampelt, dass ich angefangen habe, im Netz dagegenzuhalten.

Was denkst du über das Selbstbestimmungsgesetz?
Ich habe selber Kinder. Und wenn ich mir vorstelle, dass diese ab 14 Jahren auf die Gemeindeverwaltung gehen und einfach Namen und Personenstand ändern können, ohne vorher mit mir oder ihrer Mutter gesprochen zu haben – das ist einfach bizarr. Ich kenne auch Transmamas, also die Mütter von Transkindern, die Entscheidungen für ihre Kinder treffen müssen. Ich sage nun nicht: Man darf auf keinen Fall! Oder: Man muss unbedingt! Aber ich finde: wenn, dann mit einer intensiven Therapie und Begleitung, damit man zu 95 Prozent sicher sein kann. Denn ich habe jetzt das Gefühl, es ist ein Trend geworden.

Was wünschst du dir für die Zukunft, Leandra?
Ich wünsche mir einen entspannteren Umgang zwischen Transmenschen und Radikalfeministinnen. Keine Anschuldigungen, sondern Gesprächsbereitschaft. Für Deutschland wünsche ich mir eine zeitgemäße Reform des Transsexuellengesetzes, welches auf die Bedürfnisse von transgeschlechtlichen Menschen eingeht. Und keine Self-ID.

Zwischen allen Fronten

Till Amelung

Till Amelung (37) ist als Frau geboren. Er lebt seit 2011 als Transmann. Er hat Genderwissenschaften studiert, ist Autor und Herausgeber des Buches »Irrwege – Analysen aktueller queerer Politik«. Er moderiert gemeinsam mit anderen eine deutschsprachige Trans-Gruppe bei Facebook und warnt vor einem Geschlechtswechsel als Lösung für andere Probleme. Chantal Louis sprach mit dem Genderwissenschaftler.

Till, wie war dein Weg als Transmann?
Ich war kein »typisches« Mädchen. Ich habe nicht mit Puppen und dafür gern mit Autos gespielt. Bei Rollenspielen hab ich gern die männlichen Rollen übernommen. Man konnte mich partout in kein Kleid stecken. Meine Mutter hat immer gesagt, an mir wäre ein Junge verloren gegangen. Und ich bin ihr bis heute dankbar, dass sie mich so hat sein lassen.

Wie haben die anderen reagiert?
Die wussten nicht, wo sie mich hinstecken sollten. Weder die Jungen noch die Mädchen fanden, dass ich einer von ihnen bin. Was mir einen gewissen Respekt verschafft hat, war, dass ich bis zur zehnten Klasse ein guter Schüler war. Dann ließen meine Leistungen nach, weil ich mehrfach Depressionen hatte und an Morbus Crohn erkrankt bin, also einer Autoimmunerkrankung. Die Krankheiten haben

dazu geführt, dass ich mal genauer hingeguckt habe. Erstes Ergebnis: Ich bin nicht heterosexuell. Aber da war die Reise noch nicht zu Ende.

Wie ging sie denn weiter?
Ich bin auf dem Dorf groß geworden, und da hatte ich natürlich kaum Möglichkeiten, lesbische, schwule oder Transmenschen kennenzulernen. Glücklicherweise kam langsam das Internet auf, sodass ich über Online-Gruppen mit anderen ins Gespräch kommen konnte. Mit achtzehn war ich dann häufig in Berlin und dort in lesbischen Kreisen unterwegs. Zu dieser Zeit gab es die ersten Frau-zu-Mann-Transitionen, die unter Lesben auch thematisiert wurden. Einerseits hat mich das sehr interessiert und fasziniert, aber andererseits auch beängstigt, weil mir klar war, dass Medikamente und Operationen damit verbunden sein würden.

Aber du hast diesen Schritt getan ...
Ich habe durchaus über die Möglichkeit nachgedacht, mich einfach nicht in die gängigen Geschlechterrollen einzufügen. Aber ich bin da tatsächlich über meinen Körper gestolpert. Ich habe mich wie abgeschnitten von mir gefühlt und hatte das Gefühl: Ich bin nicht richtig da. Schließlich dachte ich: Ich kann nur gewinnen, wenn ich es wage, körperliche Schritte zu gehen. Ich habe mir dann einen Therapeuten gesucht, der meine Transition begleiten und mir die gewünschten Hormone verschreiben sollte. Er war offen für mich und meine Geschichte, vertrat aber die Haltung, dass er unter einem halben Jahr Therapie nichts verordnet. Das fand ich auch sehr verständlich. Nach meinem

Coming-out als Transmann war ich übrigens mit Morbus Crohn plötzlich so gut wie schubfrei.

Was hast du dann unternommen?
Ich habe zunächst Testosteron genommen. Am Anfang ist das nicht so angenehm, weil es eine Zeit dauert, bis die richtige »Wohlfühl-Dosis« gefunden ist. Bis dahin fühlt man sich wie in den Wechseljahren, mit Schweißausbrüchen und Stimmungsschwankungen. Nachdem das überwunden war, fühlte es sich aber richtig an. 2011 habe ich mir die Brüste entfernen lassen und später auch die Gebärmutter, weil ich immer sehr extreme Regelbeschwerden hatte. Ich bin mit meiner Entscheidung sehr zufrieden.

15 Jahre nach deinem Coming-out als Transmann siehst du die Entwicklung kritisch. Warum?
Seit einigen Jahren wird der Begriff »Trans« immer diffuser. Inzwischen kann man sich ja, sobald man nur das geringste Unbehagen mit Geschlecht und Geschlechterrollen verspürt, das Label »trans« aufpappen. Und das soll dann bitte schön auch nicht mehr weiter hinterfragt werden. Wenn man aber hört, wie diese Menschen sich beschreiben, scheint es offensichtlich, dass sie gar kein so tiefgreifendes Problem mit ihrem Geschlechtskörper haben. Das bewegt sich in einem Rahmen, wo man durchaus sagen könnte: Gut, dann ist man halt eine geschlechtsnonkonforme Frau oder ein geschlechts-nonkonformer Mann. Aber das ist für diese Menschen nicht vorstellbar. Und darin offenbart sich meines Erachtens ein fehlerhaftes Verständnis von Geschlecht. Denn eigentlich geht es dabei doch um den Wunsch, den als rigide empfundenen

Geschlechterrollen zu entkommen. Und wenn man die Frage stellt, ob es nicht auch möglich sei, als Frau oder Mann zu leben und die dazugehörigen Geschlechterrollen abzulegen, wird man gleich sehr böse beschimpft. Zum Beispiel als »Gatekeeper«, also Türsteher. Transmenschen, die eine Genderdysphorie als Voraussetzung für das Transsein betrachten, werden »Transmedicalists« genannt oder »Truscum«, was so viel heißt wie »echter Abschaum«.

Bekommst du auch Zuspruch?
Ja, aber die Leute schreiben mir dann privat und nicht öffentlich.

Was ist problematisch daran, wenn sich Menschen als trans bezeichnen, die nicht unter Geschlechtsdysphorie leiden?
Ich erlebe in den Onlineforen immer wieder Menschen, die sich als trans bezeichnen, die aber ganz offensichtlich ganz andere Probleme haben. Ich hatte kürzlich mit zwei Fällen zu tun, bei denen es um verdrängten sexuellen Missbrauch ging. Der war aber in der Therapie gar nicht zur Sprache gekommen. Möglicherweise wollten sie sich mit einer Transition vor weiteren sexuellen Übergriffen schützen. Die beiden haben erst darüber gesprochen, nachdem sie schon jahrelang Testosteron genommen und sich auch Brüste und Gebärmutter haben entfernen lassen. Das Thema Missbrauch drängte dann aber mit Macht an die Oberfläche. Und einer dieser beiden Transmänner will den Geschlechtswechsel, soweit es geht, jetzt wieder rückgängig machen.

*Und das kann in der Trans-Community nicht diskutiert
werden?*
Es ist zumindest schwierig und man muss mit sehr viel Ge-
genwind rechnen. In sozialen Netzwerken schotten sie sich
hermetisch gegen jegliche Kritik oder gegen jedes Hinterfragen ab. Beides wird als »Gewalt« bezeichnet und abge-
wehrt. Damit banalisiert man aber aus meiner Sicht tat-
sächliche Transfeindlichkeit.

*Du kritisierst auch die zahllosen Labels, die es inzwischen
für Geschlechtsidentitäten und sexuelle Präferenzen gibt.*
Das nimmt wirklich absurde Formen an, von non-binary,
agender, demigirl, demiboy, allosexuell, demisexuell, cupio-
romantisch und so weiter. Aber um wirklich etwas zu verändern, reicht es nicht, sich mit immer neuen sprachlichen
Labeln zu bezeichnen. In den 80ern ging es ja noch darum,
aufzudecken, dass Begriffe wie Homosexualität und Heterosexualität zu kurz greifen und als Schubladen häufig nicht
funktionieren. In der Praxis gibt es ja weitaus mehr Grau-
töne. Heute besteht »queer« aber darin, dass man es noch
ordentlicher machen will, als es jemals war, indem man
wieder auf jede noch so absurde Spielart ein Label klebt. Es
herrscht der Glaube, sich durch eine andere Selbstbezeich-
nung nicht mehr mit den Zumutungen des Patriarchats
beschäftigen zu müssen. Die Wahrheit ist aber gerade für
Frauen eine andere. Durch eine Umbenennung in »non-
binary« kann man dem Patriarchat ja nicht entkommen.
Doch anstatt das zu benennen, wird eine andere Front auf-
gemacht: die zwischen den »marginalisierten Non-Binaries« und den »privilegierten Cis-Frauen«. Die Zuschrei-
bung als Cis-Frauen oder Transfrauen macht dort Sinn,

wo man versucht, ganz spezifische Erfahrungen der jeweiligen Gruppe zu fassen. Aber es macht keinen Sinn, zwei verschiedene Frauengruppen gegeneinander auszuspielen. Trotzdem muss es aus meiner Sicht möglich sein, dass Cis-Frauen in bestimmten Räumen und zu bestimmten Themen auch mal unter sich sein können. Es kann nicht sein, dass zum Beispiel Workshops zum Thema »Menstruation« als transfeindlich bezeichnet werden, wenn Transfrauen mangels Menstruation ausgeschlossen sind und die menstruierenden Non-Binaries sich nicht mitgemeint fühlen. Wenn ich mich nicht als Frau sehe, warum will ich dann mit dabei sein? Das ist doch ein Widerspruch! Und wenn manche sogenannte Non-Binaries auf Twitter den Internationalen Frauentag als »Fotzenfest« verunglimpfen, ist das einfach nur noch frauenfeindlich. Interessant ist dabei auch, dass es vergleichbare Anfeindungen gegen Männer nicht gibt.

Noch mal zurück zu den Therapeuten. Was läuft da falsch?
Die meisten, die eine Therapie beginnen, haben sich vorher für eine Transition entschieden. Und es ist natürlich schwierig für einen Therapeuten, ein Problem wie Missbrauch oder Mobbing anzusprechen, das die Person selbst gar nicht thematisiert. Andererseits ist die Tendenz bei vielen Therapeuten schon, affirmativ zu sein, also den Wunsch nach Transition zu bestätigen. Und die Trans-Community ist meines Erachtens auch nicht besonders hilfreich darin, die Begleittherapie als Chance zu begreifen. Im Gegenteil: Es herrscht eine ziemliche Aversion gegen die Therapie, weil sie als Bevormundung gesehen wird. Sie wird als eine Hürde behandelt, die es auszutricksen gilt.

Gerade werden die Leitlinien für den Umgang der
Therapeuten mit Kindern und Jugendlichen überarbeitet.
Es geht um die Frage, ob der »affirmative Ansatz«
künftig auch in Deutschland gelten soll.
Ich hätte die Befürchtung, dass dann gar nicht mehr geschaut wird, bei welchem Kind oder Jugendlichen es eigentlich um andere Themen geht. Das hilft niemandem.
Meine Co-Moderatorin teilt meine Position. In unserer
Facebook-Gruppe bedienen wir weder das Narrativ, dass
das Transsexuellengesetz eine Menschenrechtsverletzung
sei, noch finden wir, dass das medizinische System transphob ist. Dafür werden wir beide immer wieder als rechts-
evangelikales Pack bezeichnet.

Was müsste aus deiner Sicht passieren, um das
Transsexuellengesetz angemessen zu reformieren?
Es müsste künftig ein transparentes Verfahren geben, das
für das ganze Bundesgebiet gilt. Die beiden aktuell noch
vorgeschriebenen Gutachten für die Personenstandsänderung sind diesbezüglich fragwürdig. Da gibt es oft nur einen, maximal zwei Termine. Festgelegt ist dabei lediglich,
dass der Gutachter die im TSG festgelegten Fragen beant-
worten soll: Fühlt sich der Antragsteller dem Gegenge-
schlecht zugehörig? Und ist dieses Gefühl absehbar dauerhaft? Wie er zu Antworten auf diese Frage kommt, ist
nicht festgeschrieben. Das heißt, man sieht den Gutachter
manchmal nur zwei Stunden. Zudem ist das eine Person,
die man nicht kennt. Dieser Person soll man aber intimste
Details aus seiner Lebensgeschichte erzählen. Das Begut-
achtungsverfahren ist also ohnehin nicht sehr effizient.

Betroffene kritisieren oft, dass die Fragen der Gutachter übergriffig sind.

Das wird oft kritisiert, wenn es um sehr intime Fragen geht, die das Sexualverhalten betreffen. Das kann ich verstehen. Aus einer diagnostischen Perspektive ist es natürlich nicht falsch, Fragen zur Sexualität zu stellen. Aber man soll all das ja einer Person erzählen, zu der man kein Vertrauensverhältnis aufbauen konnte.

Was schlägst du stattdessen vor?

Da, wo es den Wunsch nach körperverändernden Maßnahmen gibt, muss eine intensive Begleittherapie erfolgen. Diese therapeutische Begleitung halte ich für unverzichtbar. Den Therapeuten sollte man selbst auswählen können, sodass zu ihm oder ihr ein Vertrauensverhältnis besteht oder sich entwickelt. Das Verfahren zur Namens- und Personenstandsänderung könnte man nach dem therapeutischen Prozess dann sehr schlank halten, indem der begleitende Therapeut einen Dreizeiler vorlegt, mit dem man zum Standesamt gehen kann.

Du selbst bist wegen deiner Positionen schon gecancelt worden. Was ist da passiert?

Ich sollte im Auftrag des AStA für das Referat für politische Bildung der Uni Vechta einen Online-Vortrag halten. Im Vorfeld hat sich eine Person darüber beschwert und andere Menschen aktiviert, das auch zu tun. Daraufhin wurde der AStA auf allen Kanälen mit Beschwerden geflutet. Der Vorwurf lautete, dass ich »queerfeindlich« und »non-binary-feindlich« sei und meine Haltung an der Uni Vechta nichts zu suchen hätte.

Du wurdest tatsächlich ausgeladen?
Ja. Und seither habe ich auch keine Einladung mehr von
einem AStA bekommen. Ich erlebe den Hochschulbereich
als besonders anfällig für so etwas. Dort scheint es wenig
widerständige Kräfte zu geben, die auch mal sagen: »Wir
möchten diese Position hören, und wenn ihr Widerspruch
habt, dann kommt doch auch zur Veranstaltung, denn dafür ist sie da!« Das hängt vermutlich auch damit zusammen,
dass auf diesen Posten oft junge, unerfahrene Leute sitzen,
die sich eine Karriere aufbauen wollen und die zudem auf
die Vergütung, die sie bekommen, auch angewiesen sind.
Die stellen sich dann ängstlich die Frage: Wo spricht sich
überall herum, dass sie nicht linientreu sind?

*Diese Cancel Culture geht so weit, dass du als Gender-
Wissenschaftler dein Arbeitsfeld gewechselt hast.*
Ja, denn mit meiner Haltung hätte ich keine Stelle mehr be-
kommen. Und das gilt nicht nur für den Bereich der Gender
Studies, sondern das zieht weitere Kreise in den Bereichen
Gleichstellung und Diversity oder den LGBT-Bereich. Ich
habe in dem ganzen Spektrum keinen Job mehr bekommen.

*Feministinnen kritisieren, dass ein biologischer Mann,
der keine körperverändernden Maßnahmen hat
vornehmen lassen, sich nach dem Selbstbestimmungsgesetz
aber »als Frau definiert«, auf diese Weise Zugang zu
Frauenräumen bekommt – von der Frauenumkleide bis
zum Frauengefängnis.*
Es gibt Feministinnen, die kategorisch alle Transfrauen aus
ihren Räumen ausschließen wollen. Ich finde bedauerlich,
wenn Feministinnen da überhaupt nicht differenzieren.

Es gibt Transfrauen, die so vollständig transitioniert sind, dass Frauen im Leben nicht auf die Idee kämen, dass da jemand mit Trans-Hintergrund in ihrer Mitte sitzt. Und ich finde, Feministinnen sollten anerkennen, dass es auch diese Transfrauen gibt. Ich würde mir wünschen, dass sie sich auf eine menschlich zugewandte Art dem Thema nähern und nicht kategorisch alle Transfrauen als »Männer im Rock« bezeichnen. Andererseits sehe ich natürlich, mit welcher Vehemenz manche Transfrauen unterwegs sind. Ich frage mich wirklich, was das soll, wenn unoperierte Transfrauen auf Twitter triumphierende Fotos von sich auf der Damentoilette posten. Da verstehe ich, dass es dagegen Wut gibt. Und es geht nicht, dass wir über die Ängste und Befürchtungen bezüglich der Auswirkungen von Transfrauen in Frauenräumen überhaupt nicht sprechen können.

Was sollten wir stattdessen tun?
Ich würde mir wünschen, dass wir individuell hinschauen. Wenn also in einer Frauengruppe eine Transfrau sich wie die Axt im Walde verhält, weil sie ihre toxisch männliche Sozialisation nicht hinter sich gelassen hat, dann muss sie eben der Gruppe verwiesen werden. Das gilt aber auch für andere in der Gruppe. Auch so manche Butch sollte toxische Männlichkeit reflektieren. Ich würde der Trans-Community gern sagen: Ihr könnt den Menschen nicht vorschreiben, wie sie auf euch zu reagieren haben, und euch selbst allem verweigern, was mit Taktgefühl, Respekt und Integrationswillen zu tun hat. Und den Radikalfeministinnen würde ich gern sagen: Klar könnt ihr individuell Leute ausschließen, die sich scheiße benehmen. Aber ihr müsst schon hinnehmen, dass es weiterhin die Möglichkeit einer

Geschlechtsangleichung geben wird. Es gibt ja Radikalfeministinnen, die so weit gehen, die Begriffe Transmann
und Transfrau komplett abzulehnen. Sie wollen eine Personenstandsänderung nicht anerkennen und letztlich wollen sie nicht, dass es körperverändernde Maßnahmen für
Transmenschen überhaupt gibt.

Der Ton in der Auseinandersetzung ist teilweise sehr rau.
Ein Teil des Problems ist, dass sich der Konflikt überwiegend im Netz abspielt. Und da wird auf Twitter von beiden
Seiten ein heftiger Tweet nach dem anderen rausgehauen,
nach dem Motto: Ich kann durch Zuspitzung besonders
viel Zustimmung abgreifen. Und dazwischen sind all diejenigen, die sagen: Ja, es gibt schwierige Punkte, über die
wir miteinander reden müssen. Aber ohne die andere Seite
derart zu dämonisieren. Diese Personen und ihre Positionen bekommen zu wenig Raum, stattdessen dominieren
die schrillen Töne. Die aktuelle Atmosphäre schadet allen.

Das hier aktualisierte Interview erschien zuerst in EMMA
im Januar 2020.

Ich dachte, ich bin ein Junge

Charlie Evans

Die Autorin, 30, ist als Frau geboren, hat zehn Jahre als Mann gelebt und lebt heute wieder als Frau. Die sogenannte »Detransitioniererin« und Biologin aus Manchester ist heute eine entschiedene Kämpferin gegen einen überstürzten Geschlechtswechsel. Sie gründete das »Detransition Advocacy Network«. Diese Rede hielt sie 2019 auf dem »Lesbian Strength March« in Leeds.

Vor einem Jahrzehnt war ich 17 Jahre alt. Ich hatte meine Brüste sehr fest abgebunden und meine Haare abrasiert, weil ich felsenfest davon überzeugt war, kein Mädchen zu sein.

Ich wusste, dass ich ein Junge war, weil ich hasste, wie meine Brüste die Blicke von Männern anzogen. Ich hasste meine Periode, ich hasste es, die Aufmerksamkeit von Jungen anzuziehen.

Ich wusste, dass ich ein Junge war, weil ich Autos, Trucks, Matsch und Boxen liebte – und Mädchen. Ich wusste, dass ich ein Junge war, weil ich mich nicht wie ein Mädchen »verhielt«. Nichts an mir fühlte sich mädchenhaft an, und die Trans-Ideologie besagt, dass jedeR sein Geschlecht fühlt. Ich fühlte mich nicht wie ein Mädchen.

Ich wusste, dass ich ein Junge war, weil ich die Kriterien für Genderdysphorie erfüllte: Eine starke Abneigung gegen typisch weibliches Spielzeug und typisch weibli-

che Kleidung; überwiegend männliche Freunde; das Gefühl, dass meine Gefühle und mein Verhalten typisch für
einen Jungen waren; der Wunsch, als Junge behandelt zu
werden.

Wenn ich darüber mit älteren Freunden oder in Chat-
rooms sprach, war die Reaktion: Bestätigung. Niemand erklärte mir, dass es okay sein könnte, nicht den Geschlech-
ter-Stereotypen zu entsprechen. Stattdessen bestätigten
Freunde und Therapeuten mein gefühltes Geschlecht. Ja,
du bist ein Junge.

Von heute aus betrachtet war ich indoktriniert mit dem
Glauben, dass Jungen und Mädchen auf eine bestimmte
Art fühlen und sich verhalten müssen und dass sie, wenn
sie das nicht tun, zum anderen Geschlecht gehören und im
falschen Körper gefangen sind.

Ich wurde besessen von dem Wunsch, als Junge durch-
zugehen, und meine psychische Verfassung wurde noch
schlechter, weil ich meinen »falschen« Körper nun noch
mehr hasste und wollte, dass die Welt meine »wahre« Identität erkennt.

Ich weiß heute, dass die Trans-Ideologie mir die Vorstellung verkauft hat, dass ich mich in das mächtige Geschlecht
hineinidentifizieren könne. Es hat mich verletzt, dass ich
zum damaligen Zeitpunkt keine Frau heiraten konnte. Es
hat mich verletzt, dass ich keine Familie haben konnte, die
aussah wie die einzigen Familien, die ich bis dahin gekannt
hatte. Die Idee, dass ich mich aus dieser Diskriminierung
herausidentifizieren und ein heterosexueller Mann sein
könnte, fühlte sich befreiend an.

Es gibt nur wenig Studien über die Rate der Detransition,
aber ich kann euch versichern, dass es Tausende von uns

gibt. Unsere Stimmen dringen aber nicht nach außen, weil uns die Queer-Community als unbequeme Folge ihrer Bewegung betrachtet. Wir sind ein Kollateralschaden, den man für das »große Ganze« in Kauf nehmen muss.

Viele von uns – wahrscheinlich die meisten – sind Lesben, die nicht in die Geschlechter-Stereotype passen und die in Umfeldern mit strikten Rollen für Mädchen und Jungen aufgewachsen sind. Kein Wunder, dass sie sich als Jungen fühlten.

Die meisten machten ihre Transition im gleichen Alter wie ich rückgängig – als sie um die 25 waren. Das ist kein Zufall.

Während der Pubertät wird das Gehirn fast vollständig runderneuert. Der präfrontale Kortex ist der letzte Teil, der sich entwickelt. Er ist zuständig für ein paar sehr wichtige Dinge: Impulskontrolle, Problemlösungen, Entscheidungen treffen. Einschätzen, welche Auswirkungen diese Entscheidungen für die Zukunft haben. Es ist der Teil, der uns zu verantwortungsvollen Erwachsenen macht.

Diese Reifung des Gehirns wird durch die Sexualhormone hervorgerufen, die in der Pubertät verstärkt ausgeschüttet werden. Wenn wir die zentrale Rolle kennen, die Sexualhormone für die Entwicklung des Gehirns haben, warum geben wir dann Prä-Teenagern Hormonblocker, die genau das verhindern? Es ist nicht nachgewiesen, welche Nebenwirkungen diese Pubertätsblocker haben. Diese Teenager sind Versuchskaninchen, und die Tatsache, dass Wissenschaftler und Ärzte darüber schweigen, ist kriminell. Es gibt fast keine Forschung und keine Diskussion. Stattdessen hören wir immer wieder, dass Hormonblocker sicher sind, und schicken Kinder weiterhin auf den Weg in schmerzhafte Operationen und lebenslange Hormon-ersatztherapien.

Lesbische Mädchen sind besonders empfänglich für diese Art von Ideologie, weil viele von ihnen die für sie vorgesehene Geschlechterrolle nicht erfüllen. Stattdessen erfüllen viele von ihnen die Kriterien für die Gabe von Hormonblockern im Alter von zehn Jahren.

Ich hätte mir als Teenager nicht vorstellen können, dass ich zehn Jahre später nicht mehr dieselben Gefühle von Selbsthass haben würde, wie ich sie mit 15 hatte. Ich hätte nicht vorhersehen können, dass ich aus der Idee herauswachsen würde, dass es so etwas wie ein »Jungengehirn« und ein »Mädchengehirn« gibt und dass ich mit dem falschen geboren bin.

Du bist nicht mit dem falschen Körper oder dem falschen Gehirn geboren. Du bist als du geboren.

Es wird Tage geben, an denen du das hasst. Es wird Tage geben, an denen du vor dem Spiegel stehst und dich fragst, warum du – von allen möglichen Körpern, in denen du geboren werden könntest – ausgerechnet diesen bekommen hast.

Aber es gibt nichts, was du als Mann tun kannst, das du nicht auch als Frau tun könntest. Es gibt keine falsche Zuordnung zwischen Gehirn und Körper. Diese Vorstellung beruht auf sexistischen Ideen davon, wie ein Mann oder eine Frau sein soll.

Eine Frau zu sein, ist kein Gefühl. Es ist keine Empfindung. Es ist einfach unsere Biologie. Aber die hat keinen Einfluss auf unsere Interessen, unsere Hobbys, unsere Kleidung. Traditionelle Vorstellungen über das Frausein abzulehnen, macht dich nicht zu einem Mann.

Wahre Befreiung ist nicht, deinen Körper zu verändern, damit du in die Gesellschaft passt. Wahre Befreiung ist, die Gesellschaft zu verändern, damit sie zu dir passt.

Der Text erschien zuerst in EMMA im Januar 2020.

Von Frau zu Mann zu Frau

Nele, Elie & Sam

Sie sind als Frauen geboren. Sie haben als Transmänner gelebt und irgendwann gemerkt, dass sie voreilig die falsche Entscheidung getroffen hatten. Jetzt leben Sam (31), Nele (25) und Elie (23) wieder als Frauen. Nach dem Dossier über Transsexualität in EMMA im Januar 2020 meldeten sie sich in der Redaktion. Sie wollten über ihre Erfahrungen sprechen, nicht zuletzt, um zu verhindern, dass es anderen jungen Frauen ergeht wie ihnen. – Chantal Louis sprach 2020 mit ihnen.

Wann und warum habt ihr geglaubt, dass ihr trans seid?
Sam Ich war nie übermäßig feminin. Ich trage kurze Haare, seit ich zehn bin, und ich hab immer nur weite Klamotten getragen. Dann kam dauernd der Spruch: »Du siehst aus wie ein Junge!« Deshalb wurde ich viel gemobbt. Mir wurde immer gesagt, es sei falsch, wie ich aussehe und wie ich mich gebe. Das hat mich zur Außenseiterin gemacht, und ich habe einen großen Selbsthass entwickelt. Dann hat mir ein Freund, der noch heute als Transmann lebt, erklärt, dass es diesen Weg der Transition gibt. Er hat mir empfohlen, zu einem Therapeuten zu gehen, der sich mit Transmenschen auskennt. Mit dem wollte ich einfach mal sprechen, um Klarheit zu bekommen. Ich war zu dem Zeitpunkt nicht sicher, dass ich trans bin. Ich dachte nur, es könnte vielleicht ein Weg sein, damit es mir besser geht. Der Therapeut hat dann nach 30 Minuten die Diagnose gestellt, dass

ich auf jeden Fall trans bin. Und dass mir eine Transition helfen wird.

Eine Diagnose nach 30 Minuten? Wie alt warst du da?
Sam Ich war 22. Der Therapeut hat dann sofort alles in die Wege geleitet. Er hat mir die Nummer eines Endokrinologen gegeben, und der hat die Diagnose auch gleich bestätigt. Noch am selben Tag habe ich das Rezept für das Testosteron bekommen. Und dann dachte ich: Wenn das alle mit so einer Bestimmtheit sagen, dann wird es wohl so sein.

Und wie ging es weiter?
Sam Es ging alles ziemlich schnell. Im März 2013 hatte ich das erste Gespräch mit dem Therapeuten, im April habe ich die Namensänderung beantragt. Dazu brauchte ich zwei Gutachten, die beide positiv ausfielen. Der eine Gutachter erklärte übrigens, er würde die Änderung befürworten, weil ich auf Frauen stehe und dadurch ja quasi heterosexuell würde. Die Namensänderung wurde im Oktober genehmigt. Dann habe ich die Operationen beantragt. Dazu hätte ich eigentlich zwei neue Gutachten gebraucht, aber die Krankenkasse hat die alten akzeptiert und die OPs genehmigt. Und dann, zehn Monate nach der Diagnose, hatte ich die Mastektomie, also die Entfernung der Brüste, und im Mai die Hysterektomie, also die Entfernung der Gebärmutter und der Eierstöcke.

Wie hast du dich damit gefühlt?
Sam Nicht gut. Auf der einen Seite hat es sich zu dem Zeitpunkt richtig angefühlt. Es war eine Möglichkeit, aus dieser Opfer-Situation rauszukommen und sozusagen auf die Ge-

genseite zu wechseln. Auf der anderen Seite habe ich mich gefragt: Warum mache ich das? Hilft mir das wirklich? Ich hatte das Gefühl, es geht alles viel zu schnell. Vor der Mastektomie war ich mir eigentlich schon nicht mehr sicher, hab es aber trotzdem gemacht. Und vor der Hysterektomie war ich schon in einem Umdenkprozess. Da habe ich langsam verstanden, dass mein Problem mit Geschlechterstereotypen zu tun hatte. Und dass die Tatsache, dass ich kurze Haare und keine »femininen« Hobbys habe, nicht heißt, dass ich keine Frau bin. Ich war also nicht sicher, ob ich die Hysterektomie wirklich will. Aber ich hatte Angst, dass ich die Kosten für die genehmigte OP selber zahlen muss, wenn ich davon zurücktrete.

Das war ja eine OP mit sehr weitreichenden und irreversiblen Folgen.
Sam Ja, aber darüber wurde ich nicht richtig aufgeklärt. Ich habe mir dann später selber im Internet zusammengesucht, was es heißt, sich die Gebärmutter und die Eierstöcke entfernen zu lassen, wenn man noch nicht in den Wechseljahren ist.

Bist du dabei therapeutisch begleitet worden?
Sam Nein. Ich hatte drei Stunden. Danach hat der Therapeut gesagt, ich solle mich melden, wenn ich noch Fragen hätte.

Hat nie jemand anders, zum Beispiel deine Eltern oder Lehrer, die Diagnose hinterfragt?
Sam Nein. Meine Mutter hat allerdings gesagt, dass sie mich unterstützt, auch wenn ich meine Meinung später mal ändern sollte.

Wie war dann dein Leben als Transmann?
Sam Ich wurde als Mann anders behandelt als früher. Ich habe zum Beispiel lange vor der Transition in einem Verpackungslager gearbeitet. Und da wurde mir superoft gesagt: Das schaffst du eh nicht! Das ist zu schwer für dich! Dafür bist du zu klein! Nach meiner Transition habe ich dann in einem Lager gearbeitet, und niemand hat infrage gestellt, ob ich das schaffe. Obwohl ich die gleiche Statur hatte wie vorher. Das war natürlich angenehm. Aber trotzdem hat es sich falsch angefühlt.

Und wie war das bei dir, Elie?
Elie Ich bin auch gemobbt worden. Ich war als Kind ein Tomboy und andere Kinder beschimpften mich als »Hermaphrodit«. Ich bin immer sehr groß gewesen und hatte breite Schultern. Ich habe viele Jahre Basketball gespielt und musste mir sagen lassen, das sei ein Jungensport. Ich hatte immer das Gefühl, ich bin nicht wie die anderen Mädchen, und kam zu dem Schluss, dass ich als Junge besser ins Schema passen würde. Mit 15 habe ich mich dann bei meinen Eltern als lesbisch geoutet. Und da merkte ich erst recht, dass es sich komisch anfühlte, mir mich als erwachsene Frau vorzustellen.

Was hast du gemacht?
Elie Ich recherchierte im Internet und fand eine Trans-Organisation in Brüssel. Da ging ich hin, um mit ihnen darüber zu sprechen, womit ich zu kämpfen hatte. Der Therapeut der Organisation erklärte mir, dass es Testosteron gäbe und die Möglichkeit, sich operieren zu lassen. Als ich rauskam, war ich total verwirrt und hatte das Gefühl, dass

ich dazu nicht bereit bin. Aber der Therapeut hatte einen kleinen Samen gepflanzt, und langsam fand ich Gefallen an der Idee, meinen Körper zu verändern. Ich fand im Netz viele Youtube-Videos von Transmännern, die von ihrer Transition berichteten und wie sie immer besser aussahen und immer beliebter wurden. Ich fing an, meinen weiblichen Körper zu hassen. Mit 16 habe ich meinen Eltern erklärt, dass ich einen männlichen Körper will und dazu Testosteron nehmen muss.

Wie haben deine Eltern reagiert?
Elie Meine Mutter erklärte mir, dass sie diese Entscheidung mit 16 zu früh fände. Das machte mich sehr wütend. Schließlich lautete die Botschaft im Internet, dass so eine Reaktion »transphob« sei. Ich begriff nicht, dass sie sich einfach Sorgen um mich machte. Ich machte dann so lange Druck, bis meine Eltern mit mir in eine Gender-Klinik gingen. Der Therapeut dort erklärte, ich sei nicht trans, sondern Opfer des Trans-Hypes in den Medien. Daraufhin überzeugte ich meine Eltern, mit mir zu einem Therapeuten der Trans-Organisation zu gehen. Der erklärte dann, dass ich natürlich trans sei. Meine Eltern waren sehr besorgt darüber, welche Langzeitfolgen die Hormone auf meine Gesundheit haben würden. Ein Gynäkologe, den die Organisation empfahl, erklärte ihnen, es gäbe keinen Grund, mit den Hormonen zu warten. Je früher man anfinge, desto besser sei das Resultat. Und er sagte, dass alle Effekte des Testosterons reversibel seien.

Aber das stimmt ja nicht.
Elie Nein. Er hat gelogen, und das wusste ich auch. Aber ich

wollte einfach, dass meine Eltern zustimmen. Was sie dann auch taten. Mit 17 hatte ich dann die Mastektomie. Ich bin Belgierin, und in Belgien gibt es keine Altersgrenze für geschlechtsangleichende Operationen. Man muss einfach einen Arzt finden, der es macht.

Und was waren die Folgen?
Elie Zuerst war ich sehr glücklich damit. Ich fand, dass ich als Mann gut aussah, und habe viele Komplimente bekommen. Ich fühlte mich wohl mit meinem Körper, aber ich fühlte mich unwohl mit meiner Rolle. Die Leute behandelten mich als Jungen, aber ich hatte ja keine Erfahrung als Junge, sodass ich immer das Gefühl hatte, ich spiele eine Rolle. Ich bin zum Beispiel beim Schulsport in die Jungengruppe gewechselt, und ich fand es sehr schwer, mich deren Erwartungen anzupassen: so ruppig und so wettkampforientiert zu sein.

Und wie war es bei dir, Nele?
Nele Ich kam sehr früh in die Pubertät. Ich war neun und eins der ersten Mädchen in der Klasse, das große Brüste hatte. Ich wurde auf der Straße angemacht, mir wurde hinterhergepfiffen. Mein erster Kontakt mit meinem weiblichen Körper war also Ablehnung. Andererseits war ich sehr angepasst und habe meinen Selbstwert sehr daran gemessen, dass ich Männern gefiel. Ich war ein sehr feminines Mädchen.

Und wieso wolltest du dann irgendwann ein Mann sein?
Nele Zunächst wollte ich unbedingt dünn sein. Ich wollte abnehmen, um die Brüste und die Hüften loszuwerden. Ich

bin dann in eine Essstörung gerutscht, ich wollte meinen Körper weghungern. In dieser Zeit habe ich auch gemerkt, dass ich auf Frauen stehe. Ich kam dann immer mehr an den Punkt, dass ich mich nicht mehr als Frau identifizieren konnte. Heute weiß ich, dass das mit den Rollenbildern zusammenhing, die ich von Frauen im Kopf hatte. Ich wollte nicht so feminin sein, hatte aber gleichzeitig die Vorstellung: Wenn ich nicht feminin bin, dann bin ich als Frau nichts wert.

Und dann?
Nele Ich habe angefangen, im Internet nach Brustentfernungen zu recherchieren, denn ich hatte einen richtigen Ekel vor meinen Brüsten. Darüber kam ich dann zum Thema Transidentität. Ich habe mich gefragt, ob das denn bei mir überhaupt der Fall sein könnte, weil ich ja nie ein Tomboy gewesen war. Aber es hieß dann, jeder Transmensch sei anders. Und ich wusste ja, dass ich mit meiner extremen Femininität sozusagen überkompensiert hatte. Und dann hat es für mich Sinn gemacht, dass ich transgender bin, also im Körper des anderen Geschlechts geboren wurde. Mit Anfang 20 habe ich mich dann geoutet und eine Therapie angefangen.

Wie waren die Reaktionen?
Nele Meine Eltern sagten, dass es ihnen am wichtigsten sei, dass es mir gut geht. Sie hätten es mir ja auch nicht mehr verbieten können, und sie wollten unsere gute Beziehung nicht gefährden. Der Therapeut hat mir nach drei Monaten das Testosteron verschrieben. Er erklärte, er würde das normalerweise nicht so schnell machen, aber bei mir sei er

sich so sicher wie bei keinem anderen Patienten zuvor. Ich selber wollte das auch ganz schnell durchziehen, weil ich dachte: Mein Leben lang habe ich mich in meinem Körper unwohl gefühlt, und jetzt habe ich endlich die Lösung gefunden! Warum noch länger warten?

Hat der Therapeut dich nach deinem Konflikt mit der weiblichen Rolle gefragt?
Nele Er hat die Ursache für die Essstörung und die Depression darin gesehen, dass ich eben transgender geboren wurde.

Geboren?
Nele Ja. Und in der Therapie ging es dann auch nur um Fragen wie: Wie ging es dir damit, dass du gestern wieder misgendered (als das »falsche« Geschlecht angesprochen, Anm. d. Red.) wurdest? Warum hast du dieses T-Shirt an, damit siehst du aus wie eine Frau! Der Therapeut hat gesagt: Wenn du als Mann akzeptiert werden willst, musst du jetzt aber auch kurze Haare haben. Er hat die Geschlechterstereotype also total bestätigt.

Warum habt ihr alle drei eigentlich nicht die Möglichkeit in Betracht gezogen, als lesbische Frauen zu leben, die nicht dem Rollenklischee entsprechen?
Sam Ich bin in einem kleinen Städtchen groß geworden, und dort geht es immer noch relativ konservativ zu. Ich wusste schon sehr früh, dass ich auf Frauen stehe, aber ich hab es nie mit dem Begriff »lesbisch« in Verbindung gebracht. Über Lesben wurde immer negativ geredet, besonders über Butch-Lesben. Deshalb wollte ich nicht dazugehören.

Elie Als ich als Teenager gemerkt habe, dass ich auf Frauen stehe, habe ich nach lesbischen Bars gesucht, aber ich habe nichts gefunden. Es gab in Brüssel zwar eine große Schwulenszene, aber keine Orte für Lesben. Und dann bin ich mit meinen Fragen halt zu der Trans-Organisation gegangen. Und die hat mir nur die eine Option an die Hand gegeben: Ich habe Geschlechtsdysphorie, ich bin trans. Und so wurden meine Role Models eben Transmänner.

Nele Ich habe auch überhaupt keine Vorbilder gesehen.

Aber es gibt doch inzwischen durchaus eine Menge offen lesbischer Frauen, von der Moderatorin bis zur Ministerin. Und es gibt Serien wie »Orange is the New Black«.

Nele Aber dieser Trans-Weg wird einem so vor die Füße gelegt. Und ich kannte niemanden, der gesagt hat: Ich hab es mir noch mal überlegt und lebe doch lieber als lesbische Frau.

Sam Die Lesben, die ich kenne, sind 20, 30 Jahre älter als ich. In meinem Alter bezeichnen sich die Frauen, die de facto lesbisch sind, meist als queer, um nicht transphob zu wirken.

Warum wirkt man transphob, wenn man sagt, dass man lesbisch ist?

Sam Weil man damit aussagt, dass man auf biologische Frauen steht – und daher in der Regel nicht auf Penisse. Aber Transfrauen sind eben oft Frauen, die Penisse haben. Und da man als Lesbe folglich nicht auf Transfrauen steht, gilt das als transphob.

Nele Ich habe mich auch als queer oder pansexuell bezeichnet.

Hat euch nie jemand gesagt, dass man als Frau auch ein
rollenabweichendes Verhalten zeigen darf?

Elie Mein Vater hat mir gesagt, dass ich mich nicht rollen-
konform verhalten muss und dass ich dazu keine Hormone
nehmen müsste. Aber ich habe das damals nicht verstanden. Ich war auch einfach in der Pubertät und auf Kon-
frontationskurs mit meinen Eltern. Und die waren unter
großem Druck, der von der Trans-Organisation und den
Ärzten ausgeübt wurde. Dabei wäre es so wichtig gewesen,
dass alle gesagt hätten: Lass uns mal die verschiedenen Op-
tionen anschauen, die du hast!

Sam Es geht einfach superschnell, dass man diese Trans-
Identität aufgedrückt kriegt – und sie sich auch selbst auf-
drückt. Man bekommt von der Trans-Community vermit-
telt, dass es transphob sei, wenn jemand dein Trans-Sein
infrage stellt. Deshalb gibt es viele Eltern, die sich überhaupt nicht mehr trauen, irgendwas zu sagen.

Nele Meine Mutter hat mich gefragt, ob es nicht andere Lösungen gäbe. Aber ich habe nach außen nicht den kleinsten
Zweifel gezeigt, weil ich Angst hatte, dass mir die Chance
zu transitionieren dann vielleicht wieder weggenommen
wird.

Seid ihr über die medizinischen Folgen und Risiken der
Hormone und der OPs aufgeklärt worden?

Nele Der Gynäkologe hat nur von den positiven Effekten
gesprochen: die tiefe Stimme, die Behaarung, also die Sachen, die ich ja wollte.

Sam Es hat mich vor der Hysterektomie niemand darüber aufgeklärt, was passieren würde, wenn ich aus irgend-
welchen Gründen das Testosteron nicht mehr nehmen

kann. Als ich dann nach knapp drei Jahren das Testosteron abgesetzt habe, bin ich zum Endokrinologen gegangen, weil mein Körper ja nun gar keine eigenen Geschlechtshormone mehr produzierte. Es war der Endokrinologe, der mir vorher das Testosteron verschrieben hatte. Der sagte aber nur, dass er jetzt auch nicht wüsste, was er tun soll. Es hat dann über ein halbes Jahr gedauert, bis ich eine Gynäkologin gefunden habe, die wenigstens ein bisschen Ahnung hatte. Ich nehme jetzt Östrogentabletten. Die greifen aber auf Dauer meine Leber an.

Elie Ich hatte starke Schmerzen in der Gebärmutter. Als ich damit zu dem Gynäkologen gegangen bin, der mir das Testosteron verschrieben hatte, sagte der: »Die Gebärmutter ist halt ein schmerzhaftes Organ.« Und es stimmt ja auch nicht, was viele Ärzte behaupten: dass ein weiblicher Körper, dem man Testosteron verabreicht, dadurch ein komplett männliches System wird.

Hat man euch über das erhöhte Krebsrisiko aufgeklärt?
Elie Ich habe meinen Gynäkologen gefragt, ob Testosteron das Krebsrisiko erhöht. Er hat gesagt, da gäbe es wohl eine Studie, die zu diesem Ergebnis gekommen ist, aber die sei nicht ernst zu nehmen. Ein anderer Arzt hat mir schon erklärt, dass meine Lebenserwartung sinkt, aber das war mir egal. Ich war 16. Gedanken über meine Gesundheit habe ich mir da gar nicht gemacht. Das kam erst später.
Nele Mein Endokrinologe hat gesagt: »Es wird vermutet, dass Testosteron das Krebsrisiko erhöht, aber das ist nicht wahr.« Ich muss aber auch sagen: Selbst wenn er mir gesagt hätte, dass das Krebsrisiko steigt – es wäre mir zu diesem Zeitpunkt egal gewesen. Ich war mit meiner Essstörung an

einem Punkt, dass ich nicht mehr in die Uni gehen konnte und Probleme hatte, soziale Kontakte aufrechtzuerhalten. Es war für mich: Transition oder Suizid. Und das ist eben auch ein Problem: dass Therapeuten und Ärzte diese Hormongabe durchgewunken haben, obwohl da ein Mensch mit Essstörungen vor ihnen saß, der seinen Körper total abgelehnt und selbstverletzendes Verhalten gezeigt hat. Die hätten erkennen müssen, dass ich in diesem Moment keine gesunde Entscheidung für mich treffen konnte.

Gerade werden die Leitlinien zur Behandlung von Kindern und Jugendlichen überarbeitet. Es ist im Gespräch, dass Ärzte und Therapeuten nur noch nach dem sogenannten affirmativen Ansatz arbeiten sollen, also den Transitionswunsch bestätigen. Das war ja bei euch der Fall.
Sam Wenn der Therapeut oder die Therapeutin nichts infrage stellen darf, geht ja der Sinn der Therapie verloren. Und der Sinn sollte doch nicht sein, dass du einfach deinen Wisch kriegst, sondern dass dir wirklich geholfen wird. Und wenn sich dabei herausstellt, dass der richtige Weg für dich ist, dass du eine Transition machst, dann ist das ja okay. Aber es sollte doch potenziell möglich sein, dass es auch ein anderer Weg sein könnte.
Nele Die Transition sollte niemandem verboten werden, aber es bedarf ganz großer Vorsicht. Die medizinische Behandlung hat ja schwerwiegende Folgen, die teilweise nicht rückgängig zu machen sind. Ich finde, die Therapeuten sollten verpflichtet sein, sich die darunterliegenden Probleme anzuschauen.
Elie Man muss auch schauen, um wessen Interessen es eigentlich geht. Oft heißt es ja, es sei besser für ein Kind, so

früh wie möglich zu transitionieren. Es müsse dann nicht zweimal durch eine Pubertät gehen. Aber die Frage ist doch: Geht es wirklich um das Kind? Oder geht es darum, dass das Kind unser Bild von einem »richtigen« Jungen oder einem »richtigen« Mädchen nicht stört? Und dann muss man abwägen. Und das braucht Zeit. Es geht aber oft alles so schnell, das habe ich ja selbst erlebt.

Sam Wenn ich die Aussagen sogenannter Experten lese, die sagen: Wenn der kleine Junge öfter die Pumps seiner Mutter anzieht, könnte das ein Anzeichen für Transsexualität sein, dann kriege ich zu viel. Wir müssen von diesen Stereotypen wegkommen.

Nele Ich habe schon oft von Detransitionierern wie uns gehört, die Schwierigkeiten haben, Therapeuten zu finden. Weil die Therapeuten ausschließlich nach dem transaffirmativen Ansatz arbeiten und sich schwertun, jemanden auf dem umgekehrten Weg zu begleiten und zu unterstützen.

Elie Alles, was nicht hundertprozentig transaffirmativ ist, wird immer öfter als »Konversionstherapie« diffamiert. Dadurch wird der Druck auf Therapeuten immer größer.

Habt ihr eigentlich schon mal darüber nachgedacht, eure Therapeuten oder Ärzte für ihre Leichtfertigkeit zu verklagen?

Sam Ich habe vergeblich versucht, die Kosten für die zweite Namensänderung von meinem Therapeuten erstattet zu bekommen, weil er eine Fehldiagnose gestellt und mit mir auch gar nicht die vorgeschriebenen 30 Therapiestunden absolviert hat. Er hat aber die Termine einfach eingetragen, und ich kann nicht beweisen, dass es de facto nur drei Stunden waren. Ich habe auch darüber nachgedacht, das Krankenhaus wegen Körperverletzung zu verklagen, weil ich dort nicht richtig aufgeklärt wurde. Aber Prozesse gegen Krankenhäuser sind sehr schwer zu führen, und ich habe Angst, so einen Prozess zu verlieren und dann auf noch mehr Kosten zu sitzen.

Nele Ich habe darüber auch nachgedacht. Meiner Ansicht nach haben die Gutachter eine Fehldiagnose gestellt und sollten mir zumindest das Geld für meine Kosten zurückerstatten. Aber ich habe für eine Klage kein Geld, und selbst wenn ich es hätte, hätte ich im Moment nicht die Kraft für so ein Verfahren.

Elie Ich finde, der Arzt, der meine Eltern damals angelogen hat, als es um die angeblich reversiblen Folgen des Testosterons ging, sollte zur Verantwortung gezogen werden. Ich würde da gern etwas unternehmen, aber ich möchte das nicht allein machen. Und ich kenne bisher keine anderen Fälle, obwohl es sie natürlich gibt.

Was war für euch der Auslöser, dass ihr begriffen habt: Ich will zurück, ich will detransitionieren?

Elie Das hatte mehrere Gründe. Zunächst bekam ich durch das Testosteron gesundheitliche Probleme. Ich hatte vaginale Atrophie, also das, was manche Frauen nach den Wechseljahren durch den Östrogenmangel bekommen: Juckreiz, Brennen, Entzündungen in der Scheide. Außerdem Krämpfe in der Gebärmutter. Deshalb musste ich Östrogen nehmen, und ich fand es absurd, meinem eigentlich gesunden Körper noch mehr Hormone zuzuführen. Und ich begriff dann auch, dass ich nie die Chance gehabt hatte, meinen natürlichen Körper kennenzulernen. Hinzu kam, dass ich eine ältere Freundin habe, die Feministin und Lesbe ist. Mit ihr habe ich mich viel ausgetauscht. Sie hat mir über ihre Kämpfe in ihrer eigenen Jugend erzählt, und ich habe so viele Parallelen zwischen ihr und mir gesehen. Und als sie mich fragte, warum ich Testosteron nehme, konnte ich zwar erklären, warum ich damit angefangen hatte – aber nicht, warum ich es immer noch tue. Ein weiterer Schlüsselmoment war, dass ich nach meiner Transition in Männer-Basketball-Teams gespielt und mich dort nie wohlgefühlt hatte. Als ich dann in ein lesbisches Team gegangen bin, fand ich es toll, mit lauter lesbischen Frauen zu spielen, und ich merkte, dass ich Teil von ihnen sein wollte. Und vor ungefähr einem Jahr, also nach vier Jahren mit Testosteron, wusste ich dann: Jetzt ist es Zeit für mich, die Transition zu stoppen.

Nele Ich habe, wie Elie, durch das Testosteron gesundheitliche Probleme bekommen. Aber wir haben uns natürlich auch sehr viel über Feminismus ausgetauscht. Mir ist klar geworden, dass meine Essstörung eine große Rolle spielte. Das Testosteron kurbelt den Stoffwechsel an und macht mich dünner, es lässt meine Hüften und meine Brüste verschwinden. Und ich habe verstanden, dass die Übersexualisierung meiner Brüste der Grund dafür war, dass ich meine Brüste so stark abgelehnt habe. Und ich habe meine Rollenbilder hinterfragt: Frauen waren für mich liebe, nette, folgende Personen, immer freundlich, hilfsbereit und konfliktscheu. Das wollte ich einfach nicht mehr sein. Aber so, wie ich es vorher gehasst habe, als Frau gesehen zu werden, habe ich mich dann zusehends unwohl damit gefühlt, als Mann gesehen zu werden, weil ich damit wieder in einer neuen Schublade war. Es ist also auch meine politische Überzeugung: Ich habe verstanden, dass ich nicht als Frau in dieser Gesellschaft leben konnte, weil diese Gesellschaft nicht gut mit Frauen umgeht.

Ihr seid alle als Männer gesehen und behandelt worden.
Nun habt ihr euch entschieden, wieder als Frauen zu
leben. Ihr müsst noch mal eine körperliche Veränderung
durchmachen. Bestimmte Veränderungen wie eure tiefen
Stimmen oder die entfernten Brüste sind nicht mehr
rückgängig zu machen. Das wird vermutlich nicht leicht
werden.

Sam Ich wollte als Mann unbedingt als eindeutiger Mann durchgehen. Inzwischen habe ich beschlossen, dass es mir egal ist, wie die Leute mich sehen. Heute denke ich: Wenn mir jemand sagt, ich sei für eine Frau zu maskulin oder ich müsse deshalb trans sein, dann ist das sein oder ihr Problem. Ich habe jetzt das Standing, damit zurechtzukommen. Und ich habe ein sehr unterstützendes Umfeld: meine Mutter, meine Freundin, deren Eltern, meinen Freundeskreis. Ich fühle mich jetzt gut, wie ich bin.

Nele Ich habe vor drei Monaten das Testosteron abgesetzt, das ich zwei Jahre lang genommen habe. Ich werde jetzt also wieder Hüften bekommen und es wird sich sicher merkwürdig und vielleicht nicht immer gut anfühlen. Aber ich kann damit jetzt anders umgehen.

Und wie werdet ihr jetzt von eurer Umwelt gesehen?
Nele Ich habe keine Ahnung! (lacht) Ich glaube, alle sind verwirrt und ich auch. Kürzlich war ich an einem Buffet und habe mir den Teller total vollgemacht. Um mich herum war eine Gruppe junger Frauen, und die hatten alle nur ganz wenig auf ihren Tellern. Und im ersten Moment dachte ich: Gott, mein voller Teller, wie peinlich! Dann fiel mir aber ein, dass die Mädels mich als Mann wahrnehmen, und war erleichtert, denn als Mann darf ich das ja. Aber ich

will jetzt lernen, mir diese Dinge auch als Frau herauszunehmen. Ich habe für den Teller bezahlt – natürlich tu ich mir viel drauf!

Nele und Elie, ihr habt auf Facebook, Instagram und Twitter die Plattform »Post-Trans« ins Leben gerufen. Wie sind die Reaktionen?

Nele Wir haben unseren ersten Post auch in Transgender-Gruppen geteilt, weil wir dachten, dass es dort bestimmt auch Detransitionierer gibt oder einfach Transmenschen, die andere Narrative interessant finden. Wir haben dort aber sehr viele negative Reaktionen bekommen. Mir wurden auch Freundschaften aufgekündigt, ich wurde als TERF bezeichnet und in den sozialen Netzwerken blockiert. Ein Teil unserer Freunde und Freundinnen hat aber auch sehr positiv reagiert.

Elie Wir versuchen, die Plattform so neutral wie möglich zu halten, das heißt: Wir posten nur die Geschichten, die uns die Leute schicken, ohne sie zu verändern. Denn unser wichtigstes Ziel ist Sichtbarkeit. Wir wollen, dass die Erfahrungen von Detransitionierern gehört werden.

Sam Es ist sehr wichtig, dass wir aufklären, damit andere Mädchen und junge Frauen nicht in dieselbe Situation kommen wie wir.

Das Interview erschien zuerst in EMMA im März 2020.

ÜBER TRANSSEXUALITÄT

»Wir wissen nicht, was wir da anrichten«

Dr. Alexander Korte

Dr. Alexander Korte ist Oberarzt an der »Klinik für Kinder- und Jugendpsychiatrie, Psychosomatik und Psychotherapie« der Uniklinik München. Er behandelt seit 2004 Jugendliche, die sich »im falschen Körper« fühlen. Korte ist Vater von zwei Töchtern. – Chantal Louis führte das Gespräch mit ihm 2021.

Herr Dr. Korte, was genau ist eine Geschlechtsdysphorie?
Etwas allgemeiner gefasst sprechen wir von einer Körper-Geschlechts-Inkongruenz. Das bedeutet, dass das geschlechtsbezogene Identitätsgefühl eines Menschen und dessen körperlich-biologisches Geschlecht nicht zusammenpassen. Das allein ist aber noch nicht zwangsläufig ein krankheitswertiger Zustand. Besteht jedoch ein relevanter Leidensdruck, ist die medizinisch korrekte Bezeichnung Genderdysphorie; bei der extremsten Form, der transsexuellen Geschlechtsdysphorie, äußern die Betroffenen den starken Wunsch, die subjektiv wahrgenommene Diskrepanz mit körperverändernden Maßnahmen zu verringern.

Sie erklären dann, ihre »Geschlechtsidentität« – was auch immer sie darunter verstehen – stimme nicht mit ihrem biologischen Geschlecht überein.
Wir müssen uns in der Tat darüber verständigen, worüber

wir eigentlich reden, wenn wir von »Geschlecht« sprechen. Im Englischen ist es etwas einfacher, weil wir dort verschiedene Wörter haben. Das biologische Geschlecht wird als »sex« bezeichnet und die soziale Geschlechtsrolle als »gender«. Das eine sind also die körperlichen Gegebenheiten, das andere die eingenommene soziale Geschlechtsrolle. Das ist die ursprüngliche Bedeutung von Gender. Und in einem nächsten Schritt wurde der Begriff in Verbindung mit »Gender Identity« verwendet. »Geschlechtsidentität« ist aber aus meiner Sicht ein sehr problematischer Begriff, der leider meist gar nicht hinterfragt wird. Tatsächlich unterliegt eine Person, die biologisch weiblich ist, aber behauptet, eigentlich ein Junge zu sein, ja einer Fiktion. Zumal die Geschlechtsidentität auch noch als »angeboren« konzeptualisiert wird. Das ist befremdlich für jeden, der sich mit Identitäts- und Selbstentwicklung beschäftigt. Persönlichkeit und Identität werden eigentlich immer als das Ergebnis unseres Aufwachsens betrachtet, das heißt unserer individuellen Bindungs-, Beziehungs- und Körpergeschichte. Und eben nicht als etwas, was uns statisch in die Wiege gelegt wurde.

Häufig werden Transsexualität und Intersexualität
in einem Atemzug genannt.
Dabei sind das zwei ganz unterschiedliche Dinge. Unter Intersexualität verstehen wir angeborene Varianten der genetischen, hormonellen oder gonadalen, also die Keimdrüsen betreffenden Anlagen eines Menschen, aufgrund derer das biologische Geschlecht der Betroffenen tatsächlich nicht eindeutig männlich oder weiblich ist. Beim adrenogenitalen Syndrom zum Beispiel kommt es zu einer Fehlfunk-

‐on der Nebennierenrinde, sodass übermäßig viel Testos‐
‐eron gebildet wird. Das passiert schon in der Gebärmutter
‐nd kann zur Folge haben, dass ein weibliches Baby mit ei‐
ner vergrößerten Klitoris zur Welt kommt. In der stärksten
Ausprägung ist sie so groß, dass man sie für einen Penis hal‐
ten könnte. Eine andere Variante ist ein Mensch mit männ‐
lichem Chromosomensatz, bei dem aber die männlichen
Hormone nicht wirken, weil die Rezeptoren, an denen die
Hormone andocken, nicht funktionieren. Das führt dazu,
dass dieser Mensch als Mädchen aufwächst, dann aber in
der Pubertät keine Menstruation bekommt. Bei einer Un‐
tersuchung wird man dann feststellen, dass das Mädchen
gar keinen Uterus hat.

Und bei der Transsexualität?
Transsexuelle Menschen sind objektiv körperlich eindeu‐
tig einem Geschlecht zuzuordnen. Sie leiden aber subjektiv
unter dem Gefühl der Nichtzugehörigkeit zu ihrem Kör‐
per – und an den damit verbundenen gesellschaftlichen
Rollenerwartungen. Leider werden Inter- und Transsexua‐
lität häufig in einen Topf geschmissen. Dabei sind das zwei
völlig unterschiedliche gesundheitliche Zustände, die me‐
dizinisch einer ganz unterschiedlichen Behandlung bedür‐
fen und für die es rechtlich unterschiedlicher Regelungen
bedarf.

Während intersexuelle Menschen lange dafür gekämpft
haben, sich nicht per OP vereindeutigen zu müssen und
körperlich unversehrt zu bleiben, wollen Transmenschen
das Gegenteil: die Vereindeutigung per OP.
Das ist richtig. Intersexuelle Menschen haben sich mit

Recht an die Ärzte gewandt und dagegen protestiert, dass diese Eingriffe als Kind oder Jugendliche an ihnen vorgenommen wurden. Sie haben beklagt, dass sie in diesem Alter gar nicht einwilligungsfähig waren. Transsexuelle Menschen hingegen wünschen sich sehr häufig immer früher einen operativen Eingriff.

Wie gehen Sie mit diesem Wunsch um?
Es geht am Ende immer darum, mit dem oder der Betroffenen gemeinsam in einem längeren diagnostisch-therapeutischen Prozess die größtmögliche Sicherheit darüber zu erlangen, ob der Wunsch nach sozialem Geschlechtsrollenwechsel und geschlechtsangleichenden körperverändernden Maßnahmen erstens zeitlich überdauernd ist und ob zweitens nur auf diesem Weg der Leidensdruck reduziert werden kann. Es geht also auch darum, mögliche Alternativen aufzuzeigen.

Um die Entscheidung hinauszuzögern, werden Kindern immer häufiger sogenannte Pubertätsblocker gegeben. Sie sehen das kritisch.
Zutreffend ist, dass man zunächst oft eine rasche Verringerung des Leidensdrucks erreicht, wenn man verhindert, dass Bart bzw. Brüste wachsen. Aber was passiert in der gewonnenen Zeit? Diese Pubertätsblocker beeinflussen die normale körperliche und psychosexuelle Entwicklung und beeinträchtigen zudem die Libido. Und wie soll sich dann der oder die Jugendliche mit seiner oder ihrer Sexualität auseinandersetzen? Könnte zum Beispiel das eigentliche Thema eine abgewehrte Homosexualität sein? Das ist unter diesen Bedingungen gar nicht zu klären. Hinzu

kommt: Bei einem Großteil der Minderjährigen bestünde ohne die frühzeitige Weichenstellung durch Einleitung einer Hormonbehandlung eine reelle Chance, dass die Geschlechtsdysphorie im Laufe der Pubertät überwunden werden würde oder die Betroffenen einen anderen Umgang damit fänden. Früher lag der Anteil derjenigen, die bei dem Wunsch nach körperverändernden geschlechtsangleichenden Maßnahmen blieben, bei 15 bis 20 Prozent. Seit Pubertätsblocker gegeben werden, liegt er bei nahezu 100 Prozent. Es gibt immer mehr Studienergebnisse, die den Einsatz von Pubertätsblockern bei geschlechtsdysphorischen Kindern bedenklich erscheinen lassen. Wir wissen noch viel zu wenig, was wir da anrichten.

In Großbritannien hat der High Court of Justice entschieden, dass Jugendliche nur noch nach einem Gerichtsentscheid mit Pubertätsblockern behandelt werden dürfen. Das Urteil hat Keira Bell erstritten. Die 24-Jährige hatte eine Klinik verklagt, die sie mit 16 aus ihrer Sicht viel zu überhastet mit Pubertätsblockern behandelt hatte.

Richtig. Die Tavistock-Klinik ist aber schon vorher in die Kritik geraten. Mitarbeiter haben reihenweise gekündigt und erklärt, dass sie die viel zu schnelle Gabe von Pubertätsblockern und die frühzeitige Weichenstellung, die damit erfolgt, nicht länger mit ihrem Gewissen vereinbaren können. Man hat dort nicht ausreichend nach den Ursachen für den Transitionswunsch gefragt. Die Klinik hat dann eine Studie vorgelegt, in der herauskam, dass sich die Pubertätsblocker angeblich positiv auf die Jugendlichen auswirken. Der Soziologe Michael Biggs hat sich diese Studie einmal genauer angesehen und herausgefunden, dass

Teile der Ergebnisse gar nicht publiziert worden waren. Mit gutem Grund: Es war herausgekommen, dass ein Jahr nach der Gabe von Pubertätsblockern die behandelten Mädchen von größeren emotionalen Problemen berichteten und von einer größeren Unzufriedenheit mit ihrem Körper. Das heißt: Die Pubertätsblocker haben die Geschlechtsdysphorie noch verstärkt. Das lässt sich dadurch erklären, dass die Jugendlichen feststellen mussten: Um mich herum entwickeln sich alle weiter, nur ich bleibe in meinem kindlichen Körper. Das heißt: Der Druck, im zweiten Schritt gegengeschlechtliche Hormone einzunehmen, stieg bei diesen Kindern.

Gibt es weitere Studien?
Eine Studie in Holland aus dem Jahr 2006 ergab eine sehr hohe Zufriedenheit der mit Pubertätsblockern behandelten Jugendlichen. Die Zahl derer, die detransitionierten, lag im einstelligen Prozentbereich. Das Problem: Als sich nach dem Keira-Bell-Urteil die Befürworter von Pubertätsblockern immer wieder auf diese Studie beriefen, hat sich einer der holländischen Forscher davon distanziert, dass unter Berufung auf seine Studie Pubertätsblocker in diesem Ausmaß weltweit eingesetzt werden. Er erklärte, dass die Gruppe, die damals in der Studie behandelt wurde, eine hochselektive Klientel war: Bei allen Patienten war die Geschlechtsdysphorie sehr früh diagnostiziert worden, also schon im Kleinkindalter. Außerdem hatten die Patienten wenig bis keine Komorbiditäten, also weitere Krankheitsbilder, und waren auch sonst keinen besonderen psychosozialen Belastungsfaktoren ausgesetzt. Der Forscher machte sehr deutlich, dass seine Ergebnisse in keinster Weise über-

tragbar seien auf Patienten, die man heute als typische Jugendliche mit »Rapid Onset Gender Dysphoria« beschreiben würde.

Aber was ist zum Beispiel mit einem präpubertären Jungen, der sich als Mädchen fühlt und nun in Panik gerät, weil ihm demnächst ein Bart wächst und er in den Stimmbruch kommt?

Wenn das ein Junge mit einer anhaltenden Geschlechtsdysphorie vom transsexuellen Typus ist, wäre es in der Tat segensreich, Bartwuchs und Stimmbruch zu verhindern. Deshalb wäre es ein unschätzbarer Vorteil, diejenigen Jugendlichen zu identifizieren, für die eine Geschlechtsangleichung tatsächlich die einzige Lösung ist – im Gegensatz zu denen, bei denen nur eine temporäre Geschlechtsrollen-Irritation vorliegt. Denn die Folge ist, dass der Mensch lebenslang Hormone nehmen muss und sich womöglich auch einer oder mehreren OPs unterzieht. Das Problem: Es gibt keine verlässlichen Parameter, anhand derer ich den weiteren Verlauf des Unbehagens sicher vorhersagen kann. Hinzu kommt: Es wurde ja von denjenigen Institutionen, die Jugendliche im großen Maßstab mit Pubertätsblockern behandeln, immer behauptet, dass die Wirkung vollständig reversibel sei und sie keinerlei negative Auswirkungen auf den Körper hätten. Das ist aber so nicht haltbar. Es gibt mittlerweile ernst zu nehmende Hinweise, dass die Zunahme der Knochendichte beeinträchtigt ist. Außerdem hat man bei Kindern, die wegen einer zu früh einsetzenden Pubertät mit Blockern behandelt wurden, eine leichte IQ-Minderung festgestellt.

*In Ihrer Ambulanz kommen auf einen Jungen inzwischen
acht Mädchen. Wie erklären Sie sich das?*

Eine Ursache könnte sein, dass eine zunehmende Anzahl von Mädchen sich heutzutage unter dem Druck des gesellschaftlichen Schönheits- und Schlankheitsideals mit den anstehenden Anforderungen der Pubertät überfordert fühlt. Ein Teil dieser Mädchen sieht in dem Geschlechts(rollen)wechsel einen vermeintlichen Ausweg. Man könnte die Geschlechtsdysphorie also auch als »moderne« Störung betrachten, die teilweise an die Stelle der Anorexie tritt, also der Magersucht. Beides speist sich aus derselben Quelle: eine tiefe Störung in der Wahrnehmung des eigenen Körpers. Beides sind Bewältigungsversuche desselben Grundkonflikts.

*Ihre Kollegen erklären immer wieder, es sei ihnen
völlig rätselhaft, wieso sich so viel mehr Mädchen als Jungen
»im falschen Körper« fühlen. Was sagen Sie denen?*

Ich würde diese Kollegen daran erinnern, dass wir längst wissen, dass die körperliche und damit auch die psychosexuelle Entwicklung bei Mädchen anders verläuft als bei Jungen. Die Mädchen zerschellen an den Herausforderungen der Pubertät.

*Leben wir inzwischen nicht in einer Gesellschaft, in der
Mädchen, die gern Fußball spielen oder sich in andere
Mädchen verlieben, sozial anerkannt sind?*

Nein, offensichtlich nicht. Wir erleben gerade ein konservatives Rollback. Da müssen wir uns ja nur die Spieleindustrie anschauen. Da ist die Welt ganz klar aufgeteilt in Rosa und Hellblau. Da waren wir in den 70er- und 80er-Jahren schon mal weiter. Und homosexuell zu sein und sich dieses einzugestehen, ist für viele Jugendliche bis heute nicht so einfach.

Wird also unangepasstes Rollenverhalten quasi wegoperiert?
Überspitzt könnte man das so sagen, ja. Und was das bedeutet, hat die Gesellschaft meines Erachtens überhaupt noch nicht erfasst.

Wie beurteilen Sie die Initiativen mehrerer Parteien, ein sogenanntes Selbstbestimmungsgesetz vorzulegen, mit dem eine Personenstandsänderung per Sprechakt schon ab 14 möglich wäre?
Das wäre fatal. Für Minderjährige muss es bei einer Begutachtung bleiben. Es braucht eine fachliche Expertise, um mit den Betroffenen darüber zu entscheiden, ob das wirklich eine sinnvolle Maßnahme ist. Ich warne davor, die Bedeutung einer – wenn auch zunächst nur juristischen – Geschlechtsangleichung zu unterschätzen. Das macht ja was mit Menschen. Wenn ich erst einmal mit Brief und Siegel bestätigt habe, dass ich angeblich zum anderen Geschlecht gehöre, ist das ein affirmativer Akt, eine Bestätigung. Bei vielen Minderjährigen halte ich das nicht für angemessen. Das hat für sie gravierende soziale Folgen und dann eben auch gesundheitliche Folgen, weil sie gedanklich und gefühlsmäßig das eine mit dem anderen verkitten: Wenn ich vor dem Gesetz ein Junge bin, dann muss ich ja jetzt auch den zweiten Schritt gehen. Dann ist der transsexuelle Weg der einzig mögliche. Und das hinterfrage ich.

Und was die medizinischen Maßnahmen anbelangt?

Da gelten meine Bedenken in noch verschärfterer Form. Es braucht entwicklungspsychologisches, jugendpsychiatrisches Wissen sowie eine sexualmedizinische Expertise, um in Einzelfällen eine frühzeitige diagnostische Festlegung vorlegen zu können. Das aber nicht vor einem Entwicklungsalter von 16, 17. Wohlgemerkt: das Entwicklungsalter. Es gibt 17-Jährige, die kommen wie 13-Jährige daher. Die sind immer noch ganz Kind. Wohin die Reise aus meiner Sicht grundsätzlich gehen muss: Wir brauchen eine andere Art von Vielfalt. Jeder soll so leben können, wie er oder sie will, ohne dass man deswegen seinen Körper verstümmelt.

Das hier aktualisierte Interview erschien zuerst in EMMA im Januar 2020.

Vom Hass gegen den eigenen Körper

Monika Albert

Die Autorin ist Kinder- und Jugendpsychotherapeutin mit eige-
ner Praxis in Schwäbisch Hall und Erziehungswissenschaftlerin
mit Schwerpunkt Gender Studies. In ihrer Praxis erlebt sie Mäd-
chen und Jungen voller Körperhass.

Ich bin Psychotherapeutin für Kinder und Jugendliche. Ich
bin jeden Tag mit Leiden konfrontiert, mit Krankheit, mit
Not und Verzweiflung. Mit Körperhass, so viel Körperhass!
Unsere Kinder wachsen auf in einer Welt, die es ihnen
schwer macht, ihren Körper zu lieben. Meine jugendlichen
PatientInnen stellen so viele Bedingungen an sich selbst:
die richtige Größe, die richtige Form, die richtige Kleidung,
die richtige Art, sich zu bewegen. Und ständig stellen sie
fest, dass sie nicht gut genug sind, dass sie dem Anspruch
nicht genügen. Sie sind zu dick, zu dünn, zu groß, zu klein,
zu kurvig, zu schmal, zu wenig muskulös, die Nase ist zu
schief – sie halten sich nicht für liebenswert.

Ich sitze vor diesen Mädchen, die mir erzählen, dass
sie »eigentlich« ein Junge seien. Es wurde ihnen oft genug gesagt, schon im Kindergarten, schon in der Grundschule: »So was macht ein Mädchen nicht!« »Das ist nichts
für Mädchen!« »An dir ist ja ein Junge verloren gegangen!« Weil sie robuster waren, als Mädchen zugestanden
wird, wilder; weil sie auch raufen wollten und sich beim
Spielen die Klamotten aufrissen; weil sie weniger Interesse

an Make-up und Glitzer zeigten, weil sie sich für Naturwissenschaften interessierten oder andere Dinge, die wir immer noch als »Jungeninteressen« deklarieren.

»Ab, zurück in die Mädchenabteilung!« Aber in der Mädchenabteilung fühlen sie sich falsch. Sie passen da nicht so richtig dazu. Sie lächeln zu wenig und haben mehr Lust auf Fußball statt auf Turnen. Sie tun sich schwer, Freundinnen zu finden. Sie ärgern sich, weil ihnen bestimmte Dinge verwehrt werden, weil Mädchen dies nicht können, nicht dürfen, nicht sollen.

Und dann kommt da noch die Menstruation, dieses lästige Etwas, das immer noch irgendwie peinlich und tabuisiert ist und oft genug schmerzhaft. Die Brüste wachsen und die Männer gucken. Dann noch Schulstress und Ärger mit den Eltern und das leidige Erwachsenwerden. Alles fühlt sich falsch an. Vor allem der eigene Körper. Und der Satz »Du bist doch eigentlich ein Junge« klingt wie eine Aufwertung in ihren Ohren. Wie ein Versprechen, der defizitären Weiblichkeit zu entkommen und endlich so sein zu dürfen, wie es ihnen entspricht, ohne dafür kritisiert zu werden. Wie ein Sesam-öffne-dich für ihre Wünsche und Träume. Sie denken, sie haben die Lösung gefunden.

Ich sehe vor mir diese wunderbaren, »richtigen« Mädchen, die spüren, dass die Rollenerwartungen an Frauen ihnen Gewalt antun. Sie sind eine Aufforderung an uns, endlich die Normen, die wir an Männer und Frauen legen, fallen zu lassen. Eine Aufforderung, Menschen sich entfalten zu lassen entsprechend ihrem Temperament, ihrem Talent, ihren Interessen, statt sie in enge Schubladen zu sperren, die entweder rosa sind oder blau und die wenig Luft zum Atmen lassen.

Ich sehe diese Mädchen, die ihre Brüste abbinden und ihre Hüften unter weiten Klamotten verstecken, die in der Jungenabteilung ihre Hosen kaufen, weil die viel praktischer sind und größere Taschen haben (oder überhaupt Taschen!); diese Mädchen, die leiden, weil sie sich so anders fühlen, und denke: Gerade sie könnten uns zeigen, wie stark und vielfältig Weiblichkeit ist. Gerade sie könnten dazu beitragen, dass die Gleichberechtigung der Geschlechter weiter vorangeht, weil sie uns zeigen, dass unsere Rollenklischees falsch sind, weil sie nur auf einen Teil der Frauen zutreffen, aber auf einen Teil eben auch nicht. Aber meine Patientinnen sehen das nicht so. Sie denken nicht, dass die Stereotypen über Mädchen falsch sind, sondern sie denken, dass sie falsch sind. Dass ihr Körper falsch ist. Dass sie eigentlich ein Junge seien und die Lösung in einer Hormonbehandlung mit Testosteron liegt und in einer Entfernung der Brüste und der Gebärmutter.

Ich sitze vor diesen Jungen, die mir erzählen, dass sie »eigentlich« ein Mädchen seien. Sie berichten mir, wie unwohl sie sich in Gruppen von Jungs fühlen, wo Mann immer so stark sein müsse, wo alles so machohaft zugehe, die Sprache so rau sei und Mann keine Gefühle zeigen dürfe. Sie sind zu uncool dafür, zu wenig tough. Sie sind zu sensibel, zu zart, zu unsicher. Sie verbinden Mannsein mit Gewalt, Aggressivität, Rücksichtslosigkeit, mit einer Durchsetzungsfähigkeit, die ihnen fehlt.

Ihnen fehlen männliche Vorbilder, die fürsorglich und empfindsam sind, die weinen können und Unsicherheiten zugeben. Mit den immer starken Helden aus Hollywood können sie sich genauso wenig identifizieren wie mit dem eigenen Vater, der die Mutter verprügelt. Die Brutalität, die sie mit Mannsein verbinden, widert sie an. Einerseits. Andererseits fühlen sie sich zu schwach, um dem Mannsein zu genügen. Mannsein ist so anstrengend! Nie darf man Angst haben! Nie darf man Unsicherheit zugeben! Nie darf man schwach sein! Bei Mädchen ist das anders. Die dürfen weinen und Angst haben. Zart sein.

»Als Mädchen wäre ich so ein ganz toughes, wildes, rebellisches Mädchen, das sich nicht an die Regeln hält«, sagt mir ein 17-jähriger Junge, dessen soziale Phobie so stark ist, dass er sich nicht traut, allein etwas beim Bäcker zu kaufen. »Als Mädchen kann man alle um den Finger wickeln, da hat man es viel leichter«, sagt mir ein anderer, der unter den Leistungsanforderungen der Schule stöhnt.

Ich sehe vor mir diese wunderbaren, »richtigen« Jungen, die sich so falsch fühlen, die nicht so richtig dazu passen, die sich schwertun, Freunde zu finden, und die denken, als Mädchen, da dürften sie endlich so sein, wie sie sich fühlen, dann wären sie endlich »richtig« und das Leben wäre nicht mehr diese riesige Bürde, der man sich nie gewachsen fühlt.

Sie sind eine Aufforderung an uns, Männer endlich freizulassen aus dieser erstickenden Erwartung einer Stärke, die definiert ist durch Furchtlosigkeit, Selbstdurchsetzung und Mangel an Zartheit. Ich sehe diese Jungen, die leiden, weil sie anders sind, und die denken, sie haben die Lösung gefunden: den einen Wechsel ins andere Geschlecht. Und ich denke: Gerade sie könnten uns zeigen, wie zart und vielfältig Männlichkeit sein kann. Gerade sie könnten dazu beitragen, dass die Gleichberechtigung der Geschlechter weiter vorangeht, weil sie uns zeigen, dass unsere Rollenklischees falsch sind, weil sie nur auf einen Teil der Männer zutreffen, aber auf einen Teil eben auch nicht.

Aber meine Patienten sehen das nicht so. Sie denken nicht, dass die Stereotypen über Jungen falsch sind, sondern sie denken, dass sie falsch sind. Dass ihr Körper falsch ist. Dass sie eigentlich ein Mädchen seien und die Lösung in einer Hormonbehandlung liegt und in einer Entfernung des Penis und des Schaffens einer Neovagina.

Alles ist möglich. Alles ist veränderbar. Auch das biologische Geschlecht. Körperliche Gegebenheiten müssen nicht mehr akzeptiert werden. Wir können Hormone geben ein Leben lang und operieren, operieren, operieren, eine OP nach der anderen. Wir können aus Mädchen Jungs machen und aus Jungs Mädchen. Wir können schon vor der Pubertät damit anfangen.

Das Konzept der »Geschlechtsidentität«, die frei wählbar ist unabhängig vom Körper, liefert den Jugendlichen ein Erklärungsmodell und einen Lösungsweg. Sie leiden und sie sind dankbar und erleichtert über den Ausweg, der ihnen geboten wird.

Aber Psychotherapie kann mehr. Es gibt andere Erklärungsmodelle und andere Lösungswege. Und es gibt psychische Erkrankungen, die behandelt werden müssen, bevor weitreichende Entscheidungen wie die über irreversible medizinische Maßnahmen getroffen werden. Depressionen oder soziale Ängste werden häufig als Folge einer Geschlechtsdysphorie betrachtet. Dies ist jedoch lediglich eine These. Ich mache die Erfahrung, dass mit der erfolgreichen Behandlung depressiver und sozial-ängstlicher Symptome häufig auch eine Entlastung und ein Perspektivenwechsel bezüglich der eigenen Geschlechtsidentität einhergeht.

Ich behandle Jugendliche mit Depressionen, Angststörungen, Zwangserkrankungen, Essstörungen. Jugendliche mit traumatischen Erfahrungen, Jugendliche, die leiden und die häufig nur noch ihre Defizite sehen. Neben den störungsspezifischen Interventionen ist meine Aufgabe, diesen jungen Menschen dabei zu helfen, ihren Selbstwert wiederzufinden. Ich richte mein Augenmerk auf die Stärken der Jugendlichen, die sie selbst häufig gar nicht mehr sehen. Oder noch nicht.

Es ist möglich, dass ein Mädchen weinend vor mir sitzt und sagt: »Bitte, lassen Sie mich einfach Testosteron nehmen!«, und neun Monate später erklärt: »Zum Glück durfte ich das nicht! Ich weiß jetzt, dass mein Körper nicht das Problem war und dass es okay ist, dass ich ein Mädchen bin.« Es ist möglich, dass ein Mädchen denkt, als Junge seien alle seine Schwierigkeiten gelöst, und nach sechs Monaten Psychotherapie sagt: »Ich weiß jetzt, dass ich nicht transgender bin. Ich habe irgendwann alles nur noch darauf geschoben, aber eigentlich war das gar nicht das Problem.«

Nach einem monatelangen Reflexionsprozess kann die Aussöhnung mit dem eigenen Körper und Geschlecht stehen. Diese Chance schulden wir unseren Jugendlichen.

Von der Ausnahme zum Trend

Dr. Renate Försterling

Die Autorin ist Internistin und Psychotherapeutin. Seit 2008 behandelte sie in ihrer Praxis in Berlin PatientInnen mit »Transidentitätsproblematik«. Hier schildert sie, wie sich diese Klientel in den letzten Jahren verändert hat.

Nach meiner berufsbegleitenden Psychotherapieausbildung in Heidelberg und meiner sexualmedizinischen Ausbildung an der Berliner Charité suchten immer mehr PatientInnen mit Transidentitätsproblematik meine Hilfe. Anfangs kamen Menschen mit sexualmedizinischen Problematiken wie zum Beispiel Erektionsstörungen, vorzeitigem Samenerguss, Vaginismus. Immer stärker fokussierte sich das Spektrum auf Transidentität und verwandte Problematiken. Ich machte Hormonbehandlungen und erstellte Gutachten nach dem Transsexuellengesetz und gegebenenfalls für geschlechtsangleichende Operationen. 2008 erhielt ich in Berlin einen Kassensitz als ärztliche Psychotherapeutin.

In Berlin existierte damals zu meinem Erstaunen kein Qualitätszirkel zum Thema Transidentität (selbst organisierte Gruppe von ÄrztInnen und PsychotherapeutInnen, die sich regelmäßig treffen, um mit strukturiertem Ansatz und klaren Zielvorgaben im Rahmen ihres Kassenversorgungsauftrags die eigene Behandlungspraxis kritisch zu analysieren und die Patiententherapie zu verbessern).

Vorbildhaft hatte ich den Münchner Qualitätszirkel zum gleichen Thema kennengelernt, der interdisziplinär konzipiert war: PsychotherapeutInnen, PsychiaterInnen, MDK-GutachterInnen, GynäkologInnen, UrologInnen, plastische ChirurgInnen, EndokrinologInnen. Man trifft sich dort etwa dreimonatlich.

Zusammen mit einem ähnlich interessierten Diplom-Psychologen gründete ich in Berlin einen interdisziplinären Qualitätszirkel Transidentität. Interdisziplinär sollte der Qualitätszirkel sein, da nach meiner Überzeugung in Bezug auf Diagnostik, Begutachtung, Therapie und Behandlung transidenter Menschen eine fachübergreifende Zusammenarbeit für die PatientInnen besser ist, als sie herumzuüberweisen. So funktionieren sogenannte Genderteams in Großbritannien und den Niederlanden. Das deutsche Krankenkassenrecht erlaubt ein derartiges Format nicht. Darum wollten wir den Rahmen eines Qualitätszirkels genau dafür nutzen.

Die Zusammensetzung der TeilnehmerInnen änderte sich im Laufe der Zeit wesentlich. Bald war ich die einzige regelmäßig teilnehmende Ärztin, auch weil die Sitzungsfrequenz auf vierwöchentlich heraufgesetzt worden war, womit zum Beispiel FachärztInnen mit eigener Praxis nicht mithalten konnten. TeilnehmerInnen waren SozialpädagogInnen, Diplom-PsychologInnen (überwiegend noch in Ausbildung befindlich), MitarbeiterInnen in queeren Beratungseinrichtungen und Selbsthilfegruppen. Ein fachübergreifender Austausch konnte deshalb nicht bzw. kaum mehr stattfinden.

Zunehmend wurden auch Menschen in unser Patienten-Spektrum aufgenommen, die dem sogenannten nonbinären oder genderfluiden Spektrum zuzuordnen waren. Kassenleistungen für diese Gruppen waren und sind kassenvertraglich klar ausgeschlossen, da dauerhaftes krankheitswertiges Leiden als Leistungsvoraussetzung gilt. Damit verschwand im Zirkel langsam die Transidentität als semantische Entität und die Frage nach dem und die Wahrnehmung von Leiden als Kriterium zur Unterscheidung von Befindensstörung und behandlungsbedürftiger Krankheit. Aus Fragen der Definition wurden Fragen der politischen Haltung. Als unsere Sichtweisen schließlich so weit auseinanderklafften, dass mir gesagt wurde, ich sei als Ärztin im Zirkel unerwünscht, verließ ich die Gruppe.

Im Folgenden möchte ich den Blick werfen auf einige PatientInnengruppen, die aus meinem Erleben prototypisch stehen für Problematiken, denen ich immer wieder begegnete. Mehrfach suchten mich PsychotikerInnen mit körperbezogenen Wahnvorstellungen auf. Sie waren sämtlich biologisch männlich und wollten ihren Körper medizinisch feminisieren lassen. Ein Beispiel: Eine Patientin trug bei den ersten Kontakten mit mir eine große, sehr dunkle Sonnenbrille, Hals und Gesicht bis zum Scheitel mit Tüchern verhüllt. Sie wollte von mir ein Gutachten erhalten, um von ihrer Kasse feminisierende gesichtschirurgische Eingriffe (Verkleinerung von Jochbeinen, Unterkiefer, vor allem aber Abhobelung des Stirnknochens) bezahlt zu bekommen. Sie hatte die Vorstellung, ein monsterhaftmännliches Gesicht mit vor allem entstellenden Stirnknochenwülsten über ihren Augen zu haben. In der vierten Stunde willigte sie ein, Sonnenbrille und Kopftuch für einen kurzen Augenblick abzulegen. Ich sah ein normales

Gesicht ohne auffallende Stirnwülste. Etwa einmal im Jahr beauftragten mich bis in neuere Zeit Amtsgerichte mit einer Begutachtung nach dem Transsexuellengesetz (TSG) im Maßregelvollzug stationär untergebrachter biologischer Männer, die ihren Personenstand von männlich nach weiblich ändern lassen wollten. Im ersten Fall dieser Art ließ ich mir die vorliegenden Akten kommen. Das Querlesen des 20 cm hohen Stapels erschloss mir die Täterschaft: mehrfache Vergewaltigungen von Frauen, sadistische Misshandlungen. Ablehnung einer antiandrogenen triebhemmenden Medikamentenbehandlung. Ich konnte diesen und alle folgenden ähnlichen Begutachtungsaufträge erfolgreich ablehnen.

Eine große Gruppe von PatientInnen kam aus patriarchalisch, meist muslimisch strukturierten Gesellschaften. Sie waren überwiegend männlichen Ausgangsgeschlechts. Viele von ihnen hätten, wären sie in Mitteleuropa aufgewachsen, ein (meistens) männlich-homosexuelles Leben führen können. In ihrem familiären und gesellschaftlichen Umfeld waren sie oft körperlich oder gar mit dem Tod bedroht worden.

Häufig stellten sich junge Menschen wegen Transproblematik bei zuvor diagnostizierter Autismus-Spektrum-Störung vor. Ein gehäuftes Auftreten der Kombination beider Symptomatiken wurde erst in den letzten Jahren in Studien belegt.

Seit etwa acht Jahren bemerke ich folgende zunehmende Veränderung meiner PatientInnen: Sie wurden im Altersdurchschnitt immer jünger. Es kamen immer mehr Mädchen und junge Frauen. Lag bei Geschlechtsidentitäts-Problematiken zehn Jahre zuvor das Verhältnis von biologisch männlichen zu weiblichen PatientInnen bei ca. 4:1, so lag es nun bei 1:4 bei erheblich jüngerem Durchschnittsalter. Ein Leiden, gar ein langjähriges, an den Geschlechtsmerkmalen des eigenen Körpers war immer weniger festzustellen. Viele hatten (noch) keine sexuellen Erfahrungen – zum Teil nicht einmal mit sich selbst. Eine prototypische Erzählung, die ich immer wieder hörte, könnte etwa folgendermaßen lauten: »Habe letzte Woche in der Disco einen Transmann gesehen. Er hat mich geflasht. Wusste sofort: So will ich auch aussehen! Dann habe ich gegoogelt. Sie werden nicht glauben, was ich fand! Je mehr ich googelte, desto mehr entdeckte ich, dass die Welt voller Transmänner ist!«

Im Qualitätszirkel war die Beobachtung bekannt. Wenn ich dort vortrug, dass ich ein Problem damit hatte, ein gerade achtzehn Jahre alt gewordenes Mädchen bei seinem Wunsch zu unterstützen, auf Kassenkosten eine beidseitige Mastektomie (eventuell ohne vorherige Testosteronbehandlung) zu bekommen, stieß ich überwiegend auf Unverständnis und Ablehnung. Obwohl sich meine Psychotherapie-Kassenzulassung nur auf erwachsene Patienten (ab vollendetem 18. Lebensjahr) bezog, wandten sich immer häufiger Minderjährige oder Mütter (stets Mütter! Nie Väter!) an mich. »Mein Sohn (ein biologisches Mädchen) braucht eine Hormonbehandlung!«

Ich stellte fest, dass ich in Berlin keine Kinder- und Jugendlichen-Psychotherapeuten mit sexualmedizinischer Ausbildung kannte. Es gab sie nicht. Einen Klinikoberarzt gab es, der aber nie erreichbar war und auch keine Ambulanz betreiben durfte. Erst die Kenntnis der 2018 veröffentlichten »Littman-Studie« (»Rapid-onset gender dysphoria in adolescents and young adults …«) bestätigte mich in meiner Beobachtung und meiner Einschätzung, dass es sich bei diesem Phänomen nicht um eine mit bereits länger bestehendem Leiden verbundene echte Transgeschlechtlichkeit handelt.

Eine große PatientInnengruppe sind Frauen, die sich als Transmänner identifizieren und zum Teil über Jahre hinweg multiplen sexuellen Missbrauch erlebten. Sie waren meist älter als 25 Jahre und waren dem Angebot einer kognitiv-aufdeckenden oder Traumatherapie nicht zugänglich. Andere PatientInnen, sowohl männlichen als auch weiblichen Ausgangsgeschlechts, litten an einer multiplen Persönlichkeitsstörung nach schwerer sexueller Traumatisierung.

Wir müssen unterscheiden zwischen dem Recht von Kindern und Jugendlichen, ihre Sexualität außerhalb von Erwachseneninteressen und -Projektionen reifen lassen zu können, und dem Recht auf selbstbestimmte Sexualität Erwachsener, die ihre sexuelle Reifung und Prägung bereits abgeschlossen haben (im Durchschnitt etwa ab dem 20. Lebensjahr).

Und es ist bemerkenswert, dass die Grünen auch nach der Pädophilendebatte, die den in den 1970er- und 1980er-Jahren betriebenen Missbrauch korrekt und transparent aufgearbeitet zu haben schien, schon wieder dem gleichen psychologischen Mechanismus der Projektion aufsitzen: der Unterstellung einer sexuellen Autonomie von Kindern und Jugendlichen auf Augenhöhe mit Erwachsenen.

Werden wir in 40 Jahren wieder fassungslos zurückschauen auf das, was wir Kindern mit dem geplanten Selbstbestimmungsgesetz angetan haben?

Eine weitere markante Gruppe von Menschen wurde in den letzten Jahren immer zahlreicher. Sie sind ca. 20 bis 35 Jahre alt, bezeichnen sich als »non-binär« und »gender-fluid« und haben meist sehr klare Vorstellungen, was die Kassenfinanzierung bestimmter körperverändernder Maßnahmen betrifft. Viele waren, bevor sie mich aufsuchten, bereits beim Endokrinologen, von wo aus schon eine gegengeschlechtliche Hormonbehandlung lief. In den ersten Jahren meiner Berliner Praxis arbeitete ich mit bestimmten endokrinologischen Praxen zusammen, die erst auf meine schriftliche Indikationsstellung hin mit einer Behandlung begannen. Seit einigen Jahren geben sich die Endokrinologen selbst das Plazet, d. h., praktisch jeder, der den Wunsch äußert, wird von ihnen hormonell behandelt. KeineR der mich aufsuchenden PatientInnen, die sich als »non-binär« verstanden, konnte mich davon überzeugen, dass sie krankheitswertig an ihrem biologischen Körper litten.

Über die gesamte Zeit meiner Arbeit mit transidenten Menschen erlebte ich auch PatientInnen männlichen und weiblichen Ausgangsgeschlechts, die sich schon seit vielen Jahren, manche seit Jahrzehnten, mit ihrem von ihnen als falsch erlebten Geschlechtskörper gequält hatten und die unter ihren körperlichen Geschlechtsmerkmalen und dem gesellschaftlich von ihnen entsprechend ihrem Ursprungsgeschlecht erwarteten geschlechtstypischen Verhalten und Auftreten litten. Sie waren meist über 30 Jahre alt, führten nicht selten seit Jahren ein Doppelleben, trauten sich lange nicht, sich in Familie, Beruf, Freundeskreis zu bekennen. Größtes Hindernis war oft die Angst, von der Familie verstoßen zu werden, nicht mehr dazugehören zu dürfen. Die meisten konnten sich sexuell nicht einmal selbst berühren. Partnerschaftliche Sexualität fand, wenn überhaupt, oft ausschließlich im Dunkeln und weitgehend bekleidet statt. Biologische Frauen waren häufig sorgsam darauf bedacht, in der aktiven Rolle die Kontrolle zu behalten, um möglichst genitale oder Berührungen an den Brüsten vermeiden zu können. Biologische Männer hatten oft ein homosexuelles Leben probiert, bis sie merkten, dass sie die Berührung von Männern an ihrem Genital nicht ertrugen.

Sie hatten vor dem Outing Angst, hatten oft lange ein Doppelleben geführt und versuchten, die von ihnen als eindeutig erlebte Transidentität gegenüber der Außenwelt zu verbergen, zeigten depressive Symptome des sozialen Rückzugs, der Selbstverletzung bis hin zum Suizidversuch. EinE PatientIn hatte über Jahre heimlich versucht, sich ihren Penis abzuschneiden, hatte ätzende Putzmittel in die Harnröhre installiert und war schließlich schwer urologisch traumatisiert.

Alle wünschten sich einfach, in ihrem Identitätsgeschlecht gesellschaftlich möglichst unauffällig leben zu können: nicht als mit Sternchen konnotierte »non-binäre Transperson«, sondern als Mann oder Frau.

Ihnen hilft das im derzeit noch geltenden Transsexuellengesetz verankerte »Offenbarungsverbot«: TSG § 5,1: »(1) Ist die Entscheidung, durch welche die Vornamen des Antragstellers geändert werden, rechtskräftig, so dürfen die zur Zeit der Entscheidung geführten Vornamen ohne Zustimmung des Antragstellers nicht offenbart oder ausgeforscht werden, es sei denn, dass besondere Gründe des öffentlichen Interesses dies erfordern oder ein rechtliches Interesse glaubhaft gemacht wird.« Es hilft den Betroffenen, sozial in ihrem Identitätsgeschlecht verschwinden zu können.

Diese Menschen waren und sind die eigentlichen transidenten PatientInnen, die früher transsexuell genannt wurden. Für sie wurde 1981 das alte, inzwischen mehrfach modernisierte »Transsexuellengesetz« gemacht. Ihr Leiden kann letztlich nur durch medizinische Maßnahmen wie gegengeschlechtliche Hormonbehandlung und gegebenenfalls geschlechtsangleichende Operationen gelindert werden.

Diese Menschen unterscheiden sich grundsätzlich von dem in den letzten Jahren wesentlich auch medial verstärkten genderqueeren, laut tönenden Massenphänomen, das nichts mit Transidentität im oben genannten Sinn zu tun hat, dafür mehr mit narzisstischen Störungen, andersartigen Identitätsproblematiken in einer medial vernetzten globalisierten spätkapitalistischen Welt der Konkurrenz, in der Sein immer mehr mit Auffallen zusammenfällt.

Noch ein letztes Wort zu mir. Ich bin als Mann geboren. Gegen 1995 hielt ich dem jahrzehntelang abgewehrten und auf mancherlei Weise kompensierten Druck, mich als Frau zu identifizieren, als Frau zu leben und mir einen weiblichen Körper zu wünschen, nicht mehr stand. Weder die magische Kraft eines Status als Reserveoffizier der Bundeswehr noch das Fahren schwerer Motorräder noch eine klassische heterosexuelle Ehe mit Kindern hatten geholfen. Ich hatte größte Angst vor einer wirtschaftlichen Katastrophe, sollten meine Patienten sich im Laufe einer Transition von mir abwenden.

Schließlich sah ich keinen anderen Ausweg mehr und nahm allen Mut zusammen. Die Ehe wurde geschieden.

Die Kinder brachen den Kontakt zu mir ab. Ich begann eine Östrogentherapie. Nach den Praxisferien wechselte ich die Praxisschilder aus. Bald lief die Praxis mindestens so gut wie früher. Heute verstehe ich mich als Frau mit Behinderungen: Ich hatte keine weibliche Sozialisation. Körperlich fehlt mir alles, was mich zur Reproduktion befähigte. Aber ich lebe in Frieden mit mir selbst.

Trans-AktivistInnen versus Feministinnen

Susan Faludi

Sie schrieb das wichtigste Buch des »Dritte-Welle-Feminismus«, also der Töchter der zweiten Frauenbewegung in den USA: »Backlash – die Männer schlagen zurück« (1991). 2016 erschien von Susan Faludi, 62, ein verstörender Text über »Identität«, genauer: über Identitäten, überprüft am eigenen Leben. Der Auslöser für den Text war Susans Vater: Steven Faludi, der im Alter von 76 Jahren Stefanie Faludi wurde. Warum? Hat dieser Vater sich etwa immer schon als Frau gefühlt? Die Tochter hatte 25 Jahre lang keinen Kontakt zu ihm, weil er auf die von ihrer Mutter gewünschte Trennung gewalttätig reagiert hatte. Nun steigt sie in New York ins Flugzeug und fliegt nach Budapest, wo ihr Vater, ein geborener Ungar, seit 20 Jahren wieder lebt. Und sie steigt in den »Darkroom« ihres Vaters, des Fotografen und Retuscheurs, hinab (der Originaltitel des Buches lautet: »In the Darkroom«). In den Raum, in den er seine Erinnerungen eingesperrt hat. Hatte ihr Vater wirklich unausweichlich eine Frau werden müssen? Oder hatte sein Gendertrouble sich vor das Problem eines jüdischen Menschen in einer antisemitischen Welt geschoben? War das etwa das eigentliche Problem? Und was ist eigentlich diese viel beschworene »wahre Identität«? Faludi kehrt von Ungarn zurück nach New York und taucht dort tief ein in die Transsexuellen-Szene und den Konflikt zwischen Transgender-AktivistInnen und uni-

versellen Feministinnen. Wann und warum hat dieser Konflikt
eigentlich begonnen?

Von der angeblichen Feindschaft zwischen Transsexuellen und Feministinnen – oder »Transsexuelle exkludierenden radikalen Feministinnen« (TERFs), einem abwertenden Begriff, der in den Nullerjahren von transsexuellen AktivistInnen eingeführt wurde – hatte ich schon gehört. Soweit ich es beurteilen konnte, passte dieses Etikett auf einige altgediente Separatistinnen, die Transsexuelle aus dem (heute nicht mehr existenten) Michigan Womyn's Music Festival verbannen wollten, oder auf Fans von Janice Raymonds Manifest aus dem Jahr 1978, »The Transsexual Empire: The Making of the She-Male«, das zwar einige durchaus scharfsinnige Gedanken formulierte, jedoch Mann-zu-Frau-Transsexuelle als chirurgisch modifizierte Monster darstellte, die potenziell in weibliche Räume eindringen, »Frauen aus der Mutterrolle verdrängen« und metaphorisch Frauen »vergewaltigen«, indem sie sich ihren Körper aneignen.

Ich sah mich nicht in der Schablone der Klischee-Feministin, die eine Klischee-Transsexualität verunglimpft. Doch die wiederkehrenden Sticheleien gegen den Feminismus in den Lebenserinnerungen Transsexueller, die ich las, erleichterten mir die Unvoreingenommenheit nicht gerade. »Befreiung wovon?«, schreibt Nancy Hunt in »Mirror Image« herablassend über die Frauenbewegung. »Von der Anmut, Freiheit, Schönheit und emotionalen Spontaneität des Frauseins?«

»Dass die Weiblichkeit zum Sündenbock gemacht wird, ist mittlerweile die Achillesferse der feministischen Bewegung«, schrieb Julia Serano 2007 in ihrem populären Manifest »Whipping Girl: A Transsexual Woman on Sexism and the Scapegoating of Femininity«. Serano findet die »feministische Unterstellung, dass ›Weiblichkeit etwas Künstliches‹ sei, narzisstisch, arrogant, offen frauenfeindlich und überheblich gegenüber denen, für die sich Weiblichkeit richtig anfühlt«. Den feministischen Antagonismus gegenüber traditioneller Weiblichkeit schreibt Serano dem »Umstand zu, dass viele Frauen, die sich besonders stark vom Feminismus angezogen fühlen, die traditionellen weiblichen Genderrollen als einengend oder unnatürlich empfinden. In vielen Fällen liegt das an ihrer eigenen Neigung, ihr Gender auf außergewöhnliche Art zum Ausdruck zu bringen.« Weniger höflich formuliert ist das die alte Behauptung männlicher Chauvinisten, Feministinnen seien Feministinnen, weil es ihnen an Femininität fehle.

Je länger ich mich durch die Bücherstapel der Bibliothek arbeitete, desto mehr nervten mich diese Trans-Bücher mit ihrem vertraulichen »Wir-Mädels-unter-uns«-Ton, den Bildern naiver Highschool-Mädchen im rosa Twinset auf dem Cover, den Kapitelüberschriften in den runden geschwungenen Buchstaben antiquierter Werbeanzeigen für Damenbinden. Die in vielen dieser Aufzeichnungen vertretene Genderidentität war aggressiv mustergültig, kindlich, häufig prüde und merkwürdig entsexualisiert.

Der Mann, so berichteten die Autorinnen, stromerte einst durch exotische Unterwäscheabteilungen, geplagt von Scham und Schmerz ob seiner Geilheit, wohingegen das neue Mädchen eine unschuldige Jungfer von hohem Anstand war, dankbar, sich bei einem Mann unterzuhaken, verlegen, wenn ein »dreckiger Witz« erzählt wurde, beschämt, wenn ihre Schuhe nicht zur Handtasche passten. Ich dachte an meinen Vater und die »extravaganten« Puff-Fummel, die sie zugunsten »anständiger« Damenkleidung in einen Wandschrank im Flur verbannt hatte, an die FictionMania-Sexfantasien, die sie ausgedruckt und dann im Regal versteckt hatte. War es wirklich so leicht, Ich und Über-Ich, Identität und Begehren zu trennen?

Die Betroffenen machten mir in ihren Autobiografien weis, dass sie die psychosexuellen und psychischen Verwirrungen des Erwachsenen überwunden hatten; aus dem Vamp war eine Jungfrau mit der präsexuellen Unschuld eines Kindes geworden.

In ihren Lebenserinnerungen »Wrapped in Blue: A Journey of Discovery« aus dem Jahr 2003 (auf dem Cover: eine blasse Blondine von hinten, gehüllt in eine blaue Samtstola, in der Hand eine Rose) erzählt Donna Rose, wie begeistert sie die Geschenke entgegennahm, die ihr ihre Mutter zur Feier ihrer Geschlechtsumwandlung ins Krankenhaus brachte, »einen rosa Teddybär« und »eine Packung rosa Kaugummizigaretten mit der Aufschrift ›Es ist ein Mädchen!‹«. Rose war zu diesem Zeitpunkt 41 Jahre alt.

Und mein Vater war 76. Wenn ich gehofft hatte, dass meine Bibliotheksrecherche mich einer Würdigung ihrer Entscheidung näherbringen würde, so zeitigten diese Bücher nun jedenfalls die gegenteilige Wirkung.

Deirdre McCloskeys »Crossing« aus dem Jahr 1999 fing vielversprechender an: »Wenn ich gegenüberstelle, wie Männer und Frauen ›sind‹, will ich nicht die Stereotypen oder Essenzialismen erneuern, die gern zum Nachteil anderer Frauen angeführt werden. Frauen sind nicht immer liebevoll, und nicht immer geht ihnen jedes Interesse an ihrer beruflichen Laufbahn ab.« Eine Transfrau mit Beruf, erklärte sie, »möchte ihn auch weiter ausüben und entschwebt nicht in einen Fifties-Himmel aus Plätzchenbacken und Kaffeeklatsch«.

Doch selbst McCloskey, Professorin für Wirtschaft und Geschichte, erging sich anschließend in Stereotypen über männliche Rüpelhaftigkeit und Frauen, die »an einem Glas Chablis nippen«, »leidenschaftlich gern im Haushalt werkeln« und den heimeligen »Plausch unter Frauen« mögen. Sie erstellte eine Liste ihrer neuen fraulichen Weitsicht: hasst Kriegsgeschichten, findet Sport langweilig, kann nur »weibliche Romanautoren« lesen, kocht gern, macht jeden Morgen ihr Bett, »ist vernarrt in jedes Kind, das ihr begegnet«, und »liebt die kleinen Liebesdienste der Frauen über alles, verschickt Karten, bringt Charles, der ein paar Häuser weiter wohnt, einen Hackbraten vorbei«. Und sie geht für ihr Leben gern einkaufen. »Nur mit großer Mühe konnte sie einem wunderschönen Paar italienischer Slipper zum Preis von 100 Dollar widerstehen.« (Sie erzählte ihre Geschichte in der dritten Person.) Ein volles Kapitel war dem Make-up gewidmet. »Eyeliner: L'Oreal flüssig, das ausdrucksstärkste Schminkutensil. Sie zieht den Lidstrich im Stil der Fifties.«

Lag ich falsch, wenn mich das abschreckte? »Sie müssen berücksichtigen, in welcher Phase ihres Lebens diese Frauen ihre Autobiografie geschrieben haben«, erklärte mir Susan Stryker, Professorin für LGBT-Geschichte und Transfrau, als ich ihr mein Unbehagen über diese zuckersüßen Berichte schilderte. »Wenn jemand diesen Übergang vollzieht, ist das eine Art Adoleszenz. Und Dinge, mit denen sich andere mit zwölf befasst haben – ›Sehe ich mit diesem Lidschatten hübsch aus?‹ oder ›Welcher Look steht mir?‹ –, mit denen befassen sie sich jetzt. Das ist fast wie der Übertritt zu einer neuen Religion.«

Vergeblich suchte ich nach einem Bericht, in dem sich die transsexuelle Autorin fragte: »Könnte es sein, dass ich das Frausein auch deshalb anstrebe, weil ich meine Unschuld wiedererlangen, mich von den Sünden meiner männlichen Vergangenheit befreien will?« Oder: »Sehne ich mich womöglich nach der moralischen Größe, die sich gerade aus Unterdrückung ergibt?« Oder: »Will ich eine Frau sein, damit ich das Gefühl habe, etwas Besonderes zu sein? Umjubelt? Geliebt?«

Ließ sich die komplexe Geschichte eines Individuums, ließen sich die jeweils einzigartigen Kämpfe, Enttäuschungen, Sehnsüchte eines Lebens wirklich so sauber in eine Flasche mit dem Etikett »Identität« abfüllen?

Seit Freud widmet sich die Kunst der Psychotherapie der Aufgabe, die vielen an der Oberfläche scheinbar einheitlichen Aspekte des Charakters auseinanderzudröseln. Seit Erikson zielt die Suche nach Identität offenbar wieder auf das Gegenteil ab, auf die Leugnung psychischer Verwicklungen, auf die Suche nach dem großen Streich, der alles erklärt, der die gesamte Lebensgeschichte in eine Markenidentität verwandelt.

Aber was geschieht, wenn mittels »Identität« »Psychologie« ausgeblendet wird? Wie lässt sich verhindern, dass sich aus dieser Marke der »Totalismus« entwickelt, vor dem Erikson warnte?

»Jedes dieser Abenteuer verläuft auf direktem Weg vom einen Pol sexueller Erfahrung zum anderen«, machte Sandy Stone 1991 in ihrem Aufsatz »The ›Empire‹ Strikes Back:

A Posttranssexual Manifesto« ihrem Herzen Luft. »Wenn es im Kontinuum der Sexualität ein Dazwischen gibt, so ist es jedenfalls unsichtbar. Kein Wunder, dass feministische Theoretikerinnen misstrauisch sind. Verflucht, ich bin misstrauisch.« Stone, Medientheoretikerin und Mann-zu-Frau-Transsexuelle, hatte sich ähnlich bestürzt wie ich durch einige der frühen Autobiografien von Transsexuellen gearbeitet. »Diese Autorinnen reproduzieren das stereotype männliche Narrativ von der Konstitution der Frau: Kleidung, Make-up und hilflose Ohnmacht beim Anblick von Blut«, schreibt sie. Alle lieferten eine ähnliche »Beschreibung der ›Frau‹ als männlicher Fetisch, als eine Person, die eine sozial erzwungene Rolle reproduziert«, und alle präsentierten sich als Heldin des Märchens »von der Froschkönigin«. Keine scheine willens zu sein, sich einen Seinszustand zwischen dem Hyperfemininen und dem Hypermaskulinen auch nur vorzustellen.

Stones Untersuchung bereitete weiteren Transgender-AutorInnen den Weg, die die Beschränkungen dieser Literatur hinterfragen und sich selbst zu »Gender-Outlaws« erklärten. Bei der Arbeit an ihrer Replik stellten sich Stone zahlreiche Fragen, die in den auch von mir gelesenen Lebenserinnerungen nicht vorkamen.

Es waren dieselben Fragen, die mich schon in Budapest geplagt hatten und denen mein Vater hartnäckig ausgewichen war. Wie sollte das Verhältnis Transsexueller zu ihrem »früheren« Ich aussehen, und was hatte es zu bedeuten, wenn jemand die eigene Vergangenheit tilgte?

Wenn eine Person ihren Körper so veränderte, dass er »aussah« wie das Geschlecht, dem sie sich zugehörig fühlte, passte sie sich dann den gängigen engstirnigen und sexistischen Auffassungen von Weiblichkeit und Männlichkeit an oder konnte sie vielmehr mithilfe dieser Veränderungen aufzeigen, dass die Biologie kein Schicksal ist? Dass »Trans« nicht nur für eine Überschreitung der Gendergrenze steht, sondern für ein Transzendieren des Genderbegriffs insgesamt?

Solange das »Überschreiten« die Währung der Transsexualität war, so schloss Stone, beraubten sich Transsexuelle »der Möglichkeit, die Komplexität und Ambiguität gelebter Erfahrung authentisch zu repräsentieren«.

Stone rief die anderen Transfrauen dazu auf, sich ihre echten Lebensgeschichten zurückzuerobern und sie als Rammbock gegen die Betonmauern der Genderbinarität einzusetzen: »Transsexuelle müssen Verantwortung für ihre Geschichte übernehmen, ihr Leben neu formulieren, nicht als Abfolge von Löschungen …, sondern als politische Aktion, die damit beginnt, dass sie sich die Verschiedenheit zu eigen machen und wieder Anspruch auf die Macht über den neu geformten und neu definierten Körper erheben.« Sie sollten sich, so schlägt Stone vor, weder als »Frauen« noch als »Männer« definieren, sondern als eine Mischung aus beidem, als Vertreterinnen unbestimmter und vielfältiger Gender, deren Existenz die Grundannahmen einer auf zwei Geschlechter beschränkten Welt bedroht.

Was ist überhaupt Identität? Im Nachkriegsamerika meiner Kindheit und Jugend suchten insbesondere Menschen der Mittelschicht, die sich in den wachsenden Schlafstädten niederließen, nach der eigenen Identität wie nach dem Heiligen Gral. In den Siebzigern galt das »Sich-Finden« als viel gepriesener magischer Schlüssel, als Tor zum psychischen Wohlbefinden. In unserer Wohnstadt Yorktown schien es manchmal, als suchten alle, die ich kannte, mich eingeschlossen, nach Anleitungen in Büchern mit Titeln wie »Die Suche nach der Identität«, »Selbstverwirklichung« oder »Sei die Person, zu der du bestimmt bist«.

Unser Jugendtreff initiierte »Begegnungsgruppen«, in denen SchülerInnen der Highschool ihr »inneres Ich« entdecken konnten; Beratungsstellen boten Therapiesitzungen an, in denen man »mit dem wahren Ich in Verbindung treten« konnte; in unserem Viertel trafen sich Mütter, um das »Bewusstsein zu steigern« und hinter dem Hauskittel die »wahre« Frau zu entdecken. Die Befreiung des unterdrückten Selbst war das Nonplusultra der neu entstandenen Frauenbewegung und ein Weckruf für viele nachfolgende Identitätsbewegungen. Wer auf dieser Suche scheiterte, stürzte in eine »Identitätskrise«, so der vom führenden Psychologen der Zeit, Erik Erikson, geprägte Fachausdruck.

Aber wer ist die Person, »zu der wir bestimmt sind«? Sind wir, was wir aus uns machen, sind wir das Selbst, das wir uns erschaffen? Oder ist es das durch das Erbgut und schicksalshafte Kräfte bestimmte, genetische, familiäre, ethnische, religiöse, kulturelle, historische? Anders ausgedrückt: Ist Identität etwas, das man sich aussucht, oder etwas, dem man nicht entkommen kann?

Wenn mich jemand nach meiner Identität fragte, würde ich neben Banalitäten wie Nationalität und Beruf anführen, dass ich eine Frau und eine Jüdin bin. Betrachte ich mir allerdings diese beiden Etiketten genauer, muss ich die Grundvoraussetzungen für diese Behauptung gleich wieder in Zweifel ziehen.

Ich bin eine Frau, der es gelungen ist, die meisten Rituale traditioneller Weiblichkeit zu umschiffen. Ich habe keine

Kinder. Ich habe mich nie danach gesehnt, Mutter zu werden; meine »biologische Uhr« hat nie getickt. Bis ich Anfang 50 war, wollte ich nicht einmal heiraten, und als ich es dann tat, fand die Hochzeit mit meinem Freund, mit dem ich 20 Jahre zusammengelebt hatte, spontan im Rathaus statt. Die meisten häuslichen Aufgaben liegen mir nicht: Ich bin eine leidenschaftslose Köchin, gärtnere selten, nähe nie. Eine Zeit lang habe ich gestrickt, allerdings nur, weil ich gerade das feministische Handarbeitsbuch »Stitch 'n Bitch« gelesen hatte.

Ich bin eine Jüdin, die so gut wie nichts über jüdische Gesetze, Rituale und Gebete weiß. Beim Seder vor dem Pessachfest spreche ich lautlos den Anfang des Kiddusch mit, schaue dabei heimlich in die Lautschrift der Haggada und habe nur eine vage Vorstellung davon, was die Worte bedeuten. Ich habe nie eine jüdische Schule besucht, keine Bat-Mizwa gefeiert. Wir gehörten nicht einmal zu der einzigen Synagoge von Yorktown Heights, einer dermaßen lockeren Reformeinrichtung, dass sie genauso gut eine Unitarierkirche hätte sein können.

Genau genommen bin ich nicht einmal Jüdin. Mein Vater ist Jude. Aber meine Mutter ist nur von der väterlichen Seite jüdisch. Ein Makel in der mütterlichen Linie, mit dem mich wohl nur der liberalste Flügel des Rabbinats überhaupt als Jüdin einordnen würde.

Wenn also meine Bindung an diese Identitäten nicht durch das Befolgen von Ritualen und religiösen Regeln gesichert ist, woraus speist sie sich eigentlich?

Ich bin eine Jüdin, die in einem antisemitisch geprägten Umfeld groß wurde. Ich bin eine Frau, die als Mädchen mit den sexistischen Stereotypen der frühen 60er aufwuchs.

Meine Vorstellung davon, wer ich bin, sofern ich die Ko-
ordinaten überhaupt festmachen kann, rührt offenbar aus
einem Widerstand her, aus der Weigerung, mich zu fü-
gen. Gerät sie in Gefahr, betone ich sie umso mehr. Meine
»Identität« wird genau an den Stellen bekräftigt, an denen
sie am stärksten unter Druck gerät.

Unser Viertel in Yorktown Heights war streng katholisch.
Überwiegend irische und italienische Familien der zweiten
Generation, die die Bronx hinter sich gelassen hatten, waren
eifrig bemüht, die Zugbrücke hochzuziehen und sich von
anderen Ethnien oder Religionen abzuschotten, besonders
von Schwarzen und Juden. Als Mitte der 60er-Jahre eine Pe-
tition in Umlauf gebracht wurde, um den Kauf eines Hauses
in unserer Straße durch eine schwarze Familie zu verhindern, legte sich meine Mutter mit den Initiatoren der Peti-
tion an. Die Familie kaufte das Haus am Ende doch, meine
Mutter blieb in der Nachbarschaft eine Ausgestoßene.

Kurz nach unserem Einzug hatte mich ein Junge zur Be-
grüßung mit Steinen beworfen und gebrüllt: »Du Juden-
schwein!« Woher er von meiner Religion wusste, war mir
ein Rätsel. Wir hatten uns durch nichts verraten und gaben
sie auch später nicht preis. Mein Vater achtete darauf, dass
wir demonstrativ Weihnachten und Ostern feierten und
Karten mit christlichen Motiven verschickten. Sein Über-
eifer, nur nicht aufzufallen, verstärkte nur meine Unzufriedenheit und absurderweise auch meine Verbundenheit mit
einer Identität, von der ich kaum eine Ahnung hatte. Man
könnte sagen, dass mein Jüdischsein aus dem Schweigen
meines Vaters erwuchs.

Und mein Frausein entstand aus der Verzweiflung meiner Mutter. Nie war sie so unglücklich wie an dem Tag, an

dem sie ihren Job in der Stadt aufgeben musste (als Redakteurin für die Zeitschrift einer Lebensversicherung) und in die piefige Vorstadt zog, wo ihr mein Vater die Requisiten ihres neuen Hausfrauenstatus aufdrängte: Wischmopp, Hauskittel, Lockenwickler, Perücke (mit einem Perückenständer aus Styropor, auf dem das Haarteil sein Dasein fristete) und Briefpapier mit einem neuen Namen, der von der Auslöschung ihres eigenen zeugte: »Mrs Steven C. Faludi«. Ohne Zweifel lernte ich einige meiner nestbaufeindlichen Tendenzen von meiner Mutter.

Mein Vater wiederum war darauf bedacht, sich als Inbegriff des amerikanischen Nachkriegsmannes zu präsentieren, mit Frau und Kindern als Nebendarstellern, dazu das Cabriolet (davor war es ein Lincoln Continental), Werkzeug im Keller, Holzkohlengrill, Zigarrenkisten und Pfeife auf dem Kaminsims, der übergroße Ohrensessel im Wohnzimmer, von dem wir alle wussten, dass es »seiner« war. Der Sessel war sein Thron, Zeugnis seiner Macht und Herrschaft über sein 1000-Quadratmeter-Spießerreich. Wir hüteten uns, ihn zu benutzen.

Mit meinen journalistischen Schmähschriften gegen Frauenkonventionen bekräftigte ich meine Loyalität gegenüber den Frauen. Ich schwor den Normen der Weiblichkeit ab, nicht, um mich von meinem Geschlecht zu distanzieren, sondern um es zu proklamieren. Kurz gesagt: Ich wurde Feministin.

Diese Identität offenbarte sich mir an dem Tag, an dem mein Teenager-Ich Marilyn Frenchs »Frauen« las. Ich verschlang das überkandidelte Plädoyer gegen die Spießerehe in einem Rutsch, kurz nachdem meine mittlerweile geschiedene Mutter mit ihren beiden Kindern aus der Vorstadt zurück nach New York geflohen war, in eine enge Zweizimmerwohnung im East Village.

Doch eigentlich war mein feministisches Bewusstsein schon Monate vorher erwacht – nach der blutigen Nacht des Jahres 1976, als ich in unserer Spießerumgebung erleben musste, wie meine Mutter zu Unrecht zur »gefallenen« Frau degradiert und mein Vater fälschlicherweise zum Rächer von Haus und Herd stilisiert wurde. In den vielen folgenden Jahrzehnten schrieb ich über Frauenrechte, immer jedoch aus der Distanz der journalistischen Beobachterin. Mein Thema war der Feminismus auf der öffentlichen Bühne, in Medien und Popkultur, in Abgeordnetensälen und Firmenbüros. Doch ich vergaß nie, woher ich ihn hatte. Es ist etwas Persönliches.

Im Feminismus geht es, wie gebetsmühlenartig wiederholt wird, in erster Linie um »Entscheidungsfreiheit«. Habe ich frei entschieden, Feministin zu werden? Habe ich den Feminismus nicht auch geerbt, war er nicht auch das Ergebnis meiner Kindheit, über die ich keine Kontrolle hatte? Dass ich mich für die Gleichstellung der Frau engagierte, war eine Reaktion auf die Wut meines Vaters über sein bröselndes Selbstverständnis als Mann, der über Frau und Kinder herrscht. Meine Identität als Feministin entsprang seiner »Identitätskrise«, seinen verzweifelten Manövern, der von ihm gewählten maskulinen Rolle Geltung zu verschaffen. Der Feminismus wurde für mich Beschäftigung und Zuflucht und somit ein Teil meines Lebens, für den ich mich entschieden hatte. Der Teil, dem ich nicht entfliehen konnte, war mein Vater.

Der Begriff Identität sei ein Spiegelkabinett, schrieb Erik Erikson 1968, »allgegenwärtig und doch so schwer zu fassen«. Er hatte den Terminus eingeführt (kurz bevor er auch den Begriff »Identitätskrise« prägte). Doch schon auf den ersten Seiten seines Buches »Jugend und Krise« bekannte er, dass er ihn nicht definieren könne. Allenfalls könne er sagen, dass Identität das »subjektive Gefühl einer bekräftigenden Gleichheit und Kontinuität« sei.

Schon früh riet Erikson ab, individuelle Identität als etwas zu definieren, das man selbstständig erwerben und nach außen präsentieren kann. »Ganz gewiss können bloße ›Rollen‹, die austauschbar gespielt werden, bloße, ihrer selbst bewusste ›Auftritte‹ oder bloße unentwegte ›Haltungen‹ unmöglich die Sache selbst sein«, schrieb er, »obwohl sie vorherrschende Aspekte dessen sein können, was heute die ›Suche nach Identität‹ genannt wird.« Eine robustere Selbstheit, erklärte er, ergebe sich aus dem Zusammenspiel von Selbstentwicklung und kollektivem Erbe. »[Wir] können«, schrieb er, »nicht das persönliche Wachstum vom Wandel der Gemeinschaft trennen, noch können wir [...] die Identitätskrise im individuellen Leben und die zeitgenössischen Krisen in der historischen Entwicklung voneinander trennen, denn die beiden helfen einander zu definieren und sind in der Tat relativ zueinander.«

So, wie es unmöglich sei, die individuelle von der sozialen Identität zu trennen, sei es notwendig, die Vergangenheit mit der Gegenwart zu synthetisieren, alle Aspekte der Erfahrung einzubeziehen, auch (oder besonders) die Teile, die man lieber nicht zur Kenntnis nehmen will. Wer versuche, ungewollte Geschichte, die »verschiedenen, in Konflikt stehenden Stadien und Aspekte [...] des Lebens« zu leugnen, und stattdessen »die absolut-zu-machende Kategorie« betone, so warnt Erikson, »restrukturiert [...] sich selbst und die Welt durch Zuhilfenahme dessen, was wir Totalismus nennen«, eine Tyrannei im Menschen, in der ein innerer Despot eine absolute Grenze zieht und daran festhält, ungeachtet, ob die neue Identität gewachsen ist oder ihre Bestandteile kohärent sind.

Erikson selbst gelang es nicht, seine eigene Warnung zu beherzigen. In »Erik Erikson, the Man Who Invented Himself« wies der Philosoph Marshall Berman, ein ehemaliger Doktorand Eriksons, 1975 auf eine bestürzende Lücke in den autobiografischen Schriften seines Mentors hin: Erikson hatte seine Vergangenheit ausgelöscht. Es fing an mit seinem Familiennamen Homburger, den er zunächst auf die Initiale H. reduzierte und dann vollständig beseitigte. Diese Löschung deutete für Berman auf einen noch bestürzenderen Widerspruch hin: Wenn wir (Eriksons] Geschichte entwirren, stoßen wir auf noch etwas, das zu sagen er nicht erträgt: dass er Jude ist.

Wenn ich als Kind meinen Vater nach seinem jüdischen Erbe fragte und wissen wollte, warum es aus unserem Vorstadthäuschen verbannt worden war, winkte er mit einer majestätischen Geste und einem vernichtend herablassenden Blick ab. »Das ist uninteressant«, sagte er. Oder er beendete das Gespräch mit dem typischen »Blödsinn« (auf Deutsch). Aus den Friedmans waren im Jahr 1946 die Faludis geworden. Später, bei meinem ersten Besuch in Ungarn, fragte ich sie, warum sie ihren Nachnamen geändert hatten.

Der Text ist ein Auszug aus »Die Perlenohrringe meines Vaters« (dtv 2018).

Was macht uns zu Frauen?

Elinor Burkett

Die Autorin (75) ist eine US-amerikanische freie Journalistin, Buchautorin und Filmemacherin. Sie schrieb unter anderem ein Buch über sexuellen Missbrauch in der katholischen Kirche und wurde für ihren Dokumentarfilm »Music by Prudence« mit einem Oscar ausgezeichnet. Sie analysiert, wie Teile der amerikanischen Trans-Community die Lebensrealitäten von Frauen leugnen – und eine rückschrittliche »Weiblichkeit« inszenieren.

Haben Frauen und Männer unterschiedliche Gehirne? Als Lawrence H. Summers 2005 als Harvard-Präsident das behauptete, waren die Reaktionen darauf prompt und gnadenlos. ExpertInnen nannten ihn einen Sexisten. Fakultätsmitglieder beschimpften ihn als Höhlenmenschen. Alumni verweigerten Spenden an die Universität.

Aber als Bruce Jenner im Jahr 2015 das Gleiche in einem Interview mit der Journalistin Diane Sawyer sagte, wurde er für seinen »Mut« und sogar für seine »Fortschrittlichkeit« gepriesen. »Mein Gehirn ist sehr viel mehr weiblich als männlich«, sagte er, um zu erklären, warum er transgender sei.

Vanity Fair gab uns einen Einblick in Caitlyn Jenners Vorstellung von einer »richtigen« Frau: Push-up-Korsett, laszive Pose, massig Mascara und die Aussicht auf regelmäßige »Mädchenabende« mit Geplänkel über Frisuren und Make-up. Jenner bekam dafür viel Applaus. Auch Präsident Obama gratulierte ihr.

Ich habe einen Großteil meines Lebens dagegen gekämpft, dass Frauen – unsere Gehirne, unsere Herzen, unsere Körper – in Schubladen gesteckt und wir auf verstaubte Stereotype reduziert werden. Und jetzt muss ich feststellen, dass viele Menschen, die ich dabei an meiner Seite wähnte – Menschen, die sich stolz fortschrittlich nennen und inbrünstig das menschliche Bedürfnis nach Selbstbestimmung unterstützen –, plötzlich glauben, dass winzige Unterschiede in männlichen und weiblichen Gehirnen riesige Folgen haben und uns eine Art Geschlechter-Schicksal eingebrannt sei.

Dabei ist das genau die Art Unsinn, der jahrhundertelang als Vorwand benutzt wurde, um Frauen zu unterdrücken. Doch Menschen, die nicht ihr gesamtes Leben als Frauen gelebt haben, ob Ms Jenner oder Mr Summers, sollten uns nicht erneut definieren. Das haben Männer schon viel zu lange gemacht. Und sosehr ich das Recht der Männer, ebenfalls ihr Korsett der Männlichkeit abzuwerfen, auch anerkenne und gutheiße, so dürfen sie jedoch nicht auf meiner Würde als Frau herumtrampeln.

Ihre Realität ist nicht meine Realität. Ihre »weibliche Identität« ist nicht meine weibliche Identität. Sie haben nicht als Frauen in dieser Welt gelebt und sind davon geprägt worden, was das bedeutet. Sie sind nicht nach dem Sex mit der Horrorvorstellung wach geworden, dass sie am Vortag vergessen haben, die Pille zu nehmen. Sie mussten nicht damit klarkommen, dass ihre Periode mitten in einer überfüllten U-Bahn einsetzte oder dass das Gehalt ihrer männlichen Arbeitskollegen höher war als ihr eigenes. Und sie mussten nicht mit der Angst leben, womöglich zu schwach zu sein, um sich gegen einen Vergewaltiger zu wehren.

Was es für mich und viele andere Frauen, Feministinnen oder nicht, schwer macht, uns hinter die Transgender-Bewegung zu stellen, ist, dass immer mehr Transmenschen die Tatsache missachten, dass Frau zu sein auch bedeutet, bestimmte Erfahrungen gemacht, bestimmte Herabwürdigungen erlitten und bestimmte Idealisierungen »genossen« zu haben, in einer Kultur, die Frauen anders behandelt als Männer.

Gehirne sind ein guter Ausgangspunkt für diese Debatte. Denn wenn es etwas gibt, das die Wissenschaft über sie herausgefunden hat, dann, dass sie durch Erfahrungen geformt werden.

»Man kann nicht einfach ein Gehirn nehmen und sagen ›Das ist ein Mädchen-Hirn‹ oder ›Das ist ein Jungen-Hirn‹«, erklärte Gina Rippon, Neurowissenschaftlerin an der britischen Aston Universität, in *The Telegraph*. Die Unterschiede zwischen männlichen und weiblichen Gehirnen seien durch den permanenten Einfluss einer Umwelt verursacht, die Menschen je nach Geschlecht sehr unterschiedlich behandelt.

Jenners Erfahrungen beinhalten eine ordentliche Dosis männlicher Privilegien, wie nur wenige Frauen sie sich überhaupt vorstellen können. Während der junge »Bruiser« (Kraftprotz), wie Bruce Jenner in seiner Kindheit genannt wurde, sich sein Studium mit einem Sportstipendium finanzierte, konnten wohl nur wenige Sportlerinnen auf eine solche Großzügigkeit zu hoffen wagen. Schließlich boten Universitäten kaum Finanzierung für den Frauensport. Als Mr Jenner nach einem Job suchte, um während des Trainings für die Olympischen Spiele 1976 für seinen Lebensunterhalt zu sorgen, war er nicht gezwungen, auf die »Aushilfe gesucht – weiblich«-Anzeigen zurückzugreifen. Er kam mit den 9000 Dollar aus, die er jährlich als Stipendium bekam. Anders als junge Frauen, deren durchschnittliches Einkommen etwas mehr als die Hälfte des Einkommens der Männer betrug. Groß und stark, wie er war, musste er sich nie Gedanken darüber machen, wie er nachts am sichersten durch die Straßen laufen konnte.

Jenner und die vielen Verfechter der Transgender-Rechte, die ähnlich argumentieren, ignorieren diese Realitäten, indem sie Weiblichkeit so definieren, wie Jenner es der Journalistin Sawyer gegenüber tat. Damit unterminieren sie nahezu ein Jahrhundert hart erkämpfter Aufklärung: nämlich, dass die Definition der Weiblichkeit ein soziales Konstrukt ist, mit dem wir unterdrückt wurden.

Man stelle sich die Reaktionen vor, wenn ein junger weißer Mann plötzlich deklarieren würde, er sei im falschen Körper gefangen, und – nach der Anwendung von Chemikalien, die seine Hautpigmentierung verändern, und nachdem er seine Haare zu kleinen Locken gezwirbelt hat – erwartet, von der schwarzen Community bereitwillig aufgenommen zu werden.

Meine Freundinnen und ich haben bisher geschwiegen, weil wir die Schlammschlacht sehen, die zwischen radikalen Flügeln der Frauenbewegung und der Transbewegung ausgebrochen ist. Dabei geht es zum Beispiel um die Frage, welche Veranstaltungen auf »als Frauen geborene Frauen« begrenzt werden dürfen, über den Zugang zu öffentlichen Toiletten oder wer die heftigere Diskriminierung erleiden musste. Die Beleidigungen und die Angst, mit der Transmänner und Transfrauen leben, sind uns allzu bekannt. Deshalb möchten wir uns instinktiv hinter den Kampf einer marginalisierten Gruppe um Gerechtigkeit stellen.

Aber während die Transbewegung zum Mainstream wird, wird es für uns immer schwieriger, uns kritisch zu den ständigen Angriffen mancher SprecherInnen der Transbewegung auf Frauenrechte zu äußern. Denn die Transbewegung macht schlicht nicht das, was auch Afroamerikaner, Latinos, Homosexuelle oder Frauen getan haben, nämlich: für sich das Ende von Gewalt und Diskriminierung und eine respektvolle Behandlung fordern. Die Transbewegung verlangt darüber hinaus, dass wir Frauen uns neu definieren.

Als zum Beispiel die Schauspielerin Martha Plimpton, eine Kämpferin für das Recht auf Abtreibung, über eine Benefizveranstaltung mit dem Namen »Nacht der tausend Vaginas« twitterte, hagelte es plötzlich Kritik dafür, dass sie das Wort »Vagina« verwendet hatte. »Angesichts der ständigen Konzentration und Überprüfung unserer Geschlechtsorgane kann man nicht erwarten, dass Transleute sich von einem Veranstaltungstitel angesprochen fühlen, der sich auf ein Geschlechtsorgan fokussiert, mit dem eine reaktionäre, binäre Politik betrieben wird«, lautete einer der Tweets.

Als Martha Plimpton erklärte, sie würde weiterhin »Vagina« sagen – und wieso sollte sie nicht, wenn es doch ohne eine Vagina keine Schwangerschaft oder Abtreibung gibt? –, wurde sie erneut mit entrüsteten Kommentaren überflutet, wie Michelle Goldberg in *The Nation* berichtete. »Du bist also wirklich entschlossen, weiterhin einen Begriff zu benutzen, von dem man dir oft gesagt hat, dass er ausschließend und verletzend ist?«, fragte ein Blogger. Plimpton wurde zu einer »Terf«.

Noch mal zum Mitschreiben: Das Wort »Vagina« ist ausschließend und bietet nur eine sehr begrenzte Perspektive auf das Frausein? Also sollen wir drei bis fünf Milliarden Menschen, die eine Vagina haben, zusammen mit den wenigen Transmenschen, die eine wollen, unser Geschlechtsorgan mit einem »politisch korrekten« Begriff bezeichnen, den Transaktivisten uns aufdrücken wollen: »vorderes Loch« oder »inneres Genital«?

Sogar das Wort »Frau« ist von ihnen ins Visier genommen worden. Die Hashtags #StandWithTexasWomen und #WeTrustWomen stehen ebenfalls unter Beschuss. Grund: Sie seien »ausschließend«.

»Das Recht auf Abtreibung und reproduktive Gerechtigkeit sind kein frauenspezifisches Problem«, schrieb Emmett Stoffer, der sich als Transgender-Person bezeichnet und zum Thema bloggt. Es sei ein »Uterusbesitzendespezifisches Problem«.

Folglich stehen Abtreibungsrechtsgruppen jetzt unter dem Druck, das Wort Frau aus ihren Statements herauszustreichen. Die, die nachgegeben haben, wie der »New York Abortion Access Fund«, bieten ihren Service jetzt »Menschen« und »AnruferInnen« an. Auch die Initiative »Fund Texas Women«, die Frauen, die ihre Schwangerschaft abbrechen wollen, Hotel- und Reisekosten finanziert, benannte sich um in »Fund Texas Choice«. Begründung: »Mit dem Namen ›Fund Texas Women‹ haben wir öffentlich Transmenschen ausgeschlossen, die eine Abtreibung brauchen, aber keine Frauen sind.«

Frauenhochschulen verrenken sich, um weibliche Studentinnen aufzunehmen, die sich selbst als Männer betrachten. Studierende des Frauen-Colleges Wellesley ersetzen immer öfter den Begriff »Schwesternschaft« durch »Ge-schwisterschaft«. Mitglieder der Fakultät bekommen Klagen von Transstudenten, die sich über den Gebrauch des Pronomens »sie« beschweren – und das, obwohl Wellesley auf ihre lange Tradition als die Frauenhochschule von Weltklasse stolz ist.

Die Situation, die gerade entsteht, und die Sprache, die sie mit sich bringt, sind schwer zu verstehen. Frau Jenner und Frau Manning, um nur zwei zu nennen, erwarten, als Frauen bezeichnet zu werden. Gleichzeitig werden Pro-Choice-AktivistInnen belehrt, dass es diskriminierend sei, den Begriff »Frau« zu benutzen. Sind also die, die sich als Mann haben umwandeln lassen, die einzigen »rechtmäßigen« Frauen, die noch übrig sind?

Frauen wie ich haben die eingeschränkte Sicht auf Frauen und Männer schon infrage gestellt, als die meisten AmerikanerInnen das Wort »Transgender« noch nie in ihrem Leben gehört hatten. Und weil wir dies taten und es auch weiterhin tun, arbeiten Tausende von Frauen, die ehemals auf Jobs wie Sekretärin, Kosmetikerin oder Flugbegleiterin beschränkt waren, nun als Schweißerin, Mechanikerin oder Pilotin. Deshalb spielen unsere Töchter heute mit Autos genauso wie mit Puppen, und deshalb trauen sich die meisten von uns heute, dienstags einen Rock und High Heels und freitags Jeans zu tragen.

Der Kampf, diese Stereotype zu überwinden, ist noch lange nicht zu Ende – und TransaktivistInnen könnten dabei unsere natürlichen Verbündeten sein. Solange Menschen X- und Y-Chromosomen produzieren, die zur Entwicklung von Vaginas und Penissen führen, wird fast allen von uns bei der Geburt ein Geschlecht »zugewiesen«. Aber was wir mit diesem Geschlecht machen, die Rollen, die wir uns selbst und anderen zuweisen, ist fast vollständig veränderbar.

Wenn das die ultimative Botschaft der Trans-Community wäre, dann hießen wir sie herzlich willkommen, zusammen dafür zu kämpfen, dass alle den Raum bekommen, so zu leben, wie sie wollen – ohne dabei von Rollenerwartungen eingeschränkt zu werden.

Auf die Frage von Journalistin Sawyer, worauf er sich nach seiner Geschlechtsumwandlung am meisten freue, antwortete Bruce Jenner: die Möglichkeit, Nagellack zu tragen, nicht nur für einen kurzen, flüchtigen Moment, sondern bis er abblättert. Ich wünsche das Bruce, jetzt Caitlyn, durchaus auch. Aber ich will sie auch daran erinnern: Es ist nicht der Nagellack, der eine Frau zur Frau macht.

Der Text erschien zuerst in EMMA im Januar 2016.

Auf der Suche nach der Identität

Cinzia Sciuto

Die Autorin stammt aus Italien, lebt in Frankfurt und ist leitende Redakteurin des italienischen Philosophie-Magazins MicroMega. Das Magazin ist eine entschiedene Stimme für den Universalismus. Sciuto schreibt für weitere italienische und deutsche Medien wie L'Espresso und taz und in ihrem Blog animabella über Frauenrechte, Säkularismus und Bioethik.

Es ist noch gar nicht lange her, da hielt ich mich für ein weibliches Exemplar der Gattung Homo sapiens, zur Welt gekommen Ende des 20. Jahrhunderts auf einer Insel im Mittelmeer. Erwachsene Homo-sapiens-Weibchen werden als Frauen bezeichnet, also hielt ich mich für eine Frau. Punkt. Doch vor Kurzem erfuhr ich in Debatten über Geschlechtsidentität, dass ich nicht einfach eine Frau sei, sondern »cisgender«, das heißt eine Person, deren Geschlechtsidentität mit dem bei der Geburt zugewiesenen Geschlecht übereinstimmt (so die in vielen Glossaren zu findende Definition, zum Beispiel in dem des Bundesministeriums für Familie, Senioren, Frauen und Jugend). Daraus ergibt sich für mich zweierlei.

Erstens: Bei meiner Geburt wurden also nicht nur jene körperlichen Merkmale ins Krankenhausregister eingetragen, die die Hebamme beobachtet hatte – Gewicht, Größe, Geschlecht. Vielmehr erfahre ich, dass eines dieser Merkmale, das Geschlecht, mir zugewiesen wurde. Nun frage ich mich: Nach welchen Kriterien wurde mir das weibliche Geschlecht zugewiesen? Nach den körperlichen Merkmalen, die die Hebamme beobachtet hat? Oder hat diese Hebamme willkürlich entschieden? Wurde mir demnach mein Geschlecht so »zugewiesen« wie der Name, den meine Eltern willkürlich für mich gewählt hatten?

Niemand würde davon sprechen, dass das Gewicht bei der Geburt »zugewiesen« wurde. Daraus folgere ich, dass die »Zuweisung« des Geschlechts in den Augen der Verfechter dieser Definition ein eher willkürlicher Akt ist, die Verwendung dieser Formulierung wäre sonst ja sinnlos (außer natürlich in den sehr seltenen Fällen, in denen das Kind ein uneindeutiges Geschlecht aufweist). Aber bedeutet jene Formulierung, man habe mir das Geschlecht bei der Geburt zugewiesen, dass man mir auch ein anderes hätte zuweisen können?

Zweitens: Die oben genannte Definition besagt, dass meine Geschlechtsidentität – also die Tatsache, mich als Frau oder Mann zu fühlen – mit meinem Geschlecht übereinstimmen kann oder auch nicht. Nun frage ich mich: An welchen Maßstäben messen wir, inwiefern meine Gefühle mit dem mir zugewiesenen Geschlecht übereinstimmen? Um festzustellen, ob meine Geschlechtsidentität mit meinem Geschlecht beziehungsweise mit dem mir bei der Geburt zugewiesenen Geschlecht übereinstimmt, muss ich wissen, was das weibliche Geschlecht kennzeichnet und was es vom männlichen Geschlecht unterscheidet. Wie könnte ich sonst überprüfen, ob meine Gefühle mit meinem Geschlecht übereinstimmen oder nicht?

Ebenda hakt es. Denn es gibt zwei Möglichkeiten: Entweder ist das Geschlecht schlicht eine Reihe von körperlichen

Merkmalen (DNA, Gameten, primären und sekundären Geschlechtsmerkmalen), die nichts darüber aussagen, wie ich mich fühlen, was ich anziehen, wünschen, denken und wer ich sein soll – also nichts über meine Identität. Oder es verbinden sich mit dem Geschlecht auch eine Reihe von anderen Merkmalen, die etwas darüber aussagen, wie ich mich fühlen, was ich anziehen, wünschen, denken und wer ich sein soll – mit anderen Worten, die etwas über meine Identität aussagen.

Im ersten Fall haben wir es mit einer Person zu tun, deren Identität sich ständig entwickelt und verändert und die keiner Definition bedarf. Im zweiten Fall hingegen ist es notwendig, die Merkmale anzugeben, die mit dem Mann- oder Frausein verbunden sind. Sonst wäre es unmöglich festzustellen, ob es eine vollständige, eine partielle oder gar keine Übereinstimmung gibt.

Diejenigen, die für die Unterscheidung zwischen Geschlecht und Geschlechtsidentität eintreten, sagen aber, es gehe nicht um die Übereinstimmung des Geschlechts mit einer Reihe von ein für alle Mal festgelegten Merkmalen, sondern um die Übereinstimmung von Geschlecht und der Wahrnehmung, die jeder Mensch von sich selbst hat. Das bringt uns bei der Lösung des Problems keinen Schritt voran. Die Selbstwahrnehmung eines jeden ist nicht eine Art magische, angeborene und beziehungslose Intuition und auch keine rein geistige Verfassung, sondern eine Beziehung zur Welt, die einen umgibt. Die Selbstwahrnehmung kann sich deshalb sehr schnell verändern, je nach den Umständen, in denen man lebt, und dies im Laufe des Lebens auch mehrmals.

Hier ein kleiner Exkurs zur Verbindung zwischen Tatsachen, Wahrnehmungen und Politik. Es ist unbestreitbar, dass die einzige Person, die über ihre Wahrnehmung und eigenen Gefühle sprechen kann, die jeweilige Person selbst ist. Zugleich würde aber niemand erwarten, dass Entscheidungen, deren Folgen potenziell die Gemeinschaft betreffen, ausschließlich auf der Grundlage der individuellen Wahrnehmung getroffen werden. Es werden immer objektive, messbare Werte sein und nicht Gefühle oder die Wahrnehmung von sich selbst.

Wenn sich eine 70-jährige Person viel jünger fühlt, als sie ist, hat sie jedes Recht, so zu leben, sich zu benehmen und zu kleiden, wie sie möchte. Aber wenn sich eine bestimmte medizinische Untersuchung an Menschen in ihrem Alter richtet, kann sie nicht bestreiten, nicht zu dieser Gruppe zu gehören, nur weil sie sich jünger »fühlt«.

Ein weiteres Beispiel führt uns zurück zu unserem Thema: Bei Sportwettbewerben dürfen Männer und Frauen zumeist nicht gemeinsam antreten, weil Frauen und Männer sich im Durchschnitt körperlich so unterscheiden, dass es unfair wäre, sie gemeinsam antreten zu lassen (was in der Regel Frauen benachteiligen würde). Mag sein, dass es in Zukunft in diesem Bereich verfeinerte Kriterien geben wird. Aber welche diese Kriterien auch sein mögen, etwa Gewicht, Größe oder Hormonmenge, es werden doch immer objektive, das heißt messbare Kriterien sein und keine auf subjektiver Wahrnehmung basierende Selbstdefinitionen.

Zu diesen objektiven Tatsachen gehört auch das biologische Geschlecht. Bei allen Organismen, die sich geschlechtlich fortpflanzen, geschieht dies mittels sogenannter Gameten, von denen es nur zwei Arten gibt: Eizellen und Samenzellen. Auf der phänotypischen Ebene kann es natürlich sein, dass einige Individuen nicht genau in die eine oder andere Kategorie passen, aber dass es unterschiedliche phänotypische Zustände gibt, widerlegt die Tatsache nicht, dass das biologische Geschlecht binär ist.

Wenn man sagt, dass der Mensch ein zweibeiniges Säugetier ist, reduziert man ihn dann darauf, dass er zwei Beine hat? Es gibt zwar manche Individuen, die nur ein Bein oder gar keines haben. Aber das widerlegt die Tatsache nicht, dass der Mensch ein zweibeiniges Säugetier ist. Wenn man sagt, »das Frausein kann nicht darauf reduziert werden, dass Frauen eine Gebärmutter haben«, ist das so wahr wie die Aussage, dass das Menschsein nicht darauf reduziert werden kann, dass Menschen zwei Beine haben. Dies sind Aussagen auf einer völlig anderen semantischen Ebene. Deshalb sind sie alle wahr.

Die Behauptung dagegen, dass das biologische Geschlecht selbst eine soziale Konstruktion sei und nichts Objektives an sich habe, wie es der Ausdruck »zugewiesen« suggeriert, hat keine wissenschaftliche Grundlage.

Eine andere Sache ist es, zu sagen, das Geschlecht sei eine Tatsache, die nicht (immer) relevant ist, aber dennoch eine Tatsache. Diese Position verdient eine Auseinandersetzung, denn es kann eine ganze Reihe von Situationen geben, bei denen es von Zeit zu Zeit zu überprüfen gilt, ob die Tatsache »Geschlecht« relevant ist oder nicht. Der zentrale Punkt jedoch ist, dass die Entscheidung, wann es relevant sein soll oder nicht, nicht der individuellen Willkür überlassen werden darf.

Deswegen sind die sogenannten Selbstbestimmungsgesetze abzulehnen, die in vielen Ländern diskutiert werden, auch in Deutschland. Solche Gesetzentwürfe werden auch damit begründet, so werde verhindert, dass Kinder, deren Geschlecht bei der Geburt uneindeutig ist, einer frühen genitalverändernden Operation unterzogen werden. Aber das ist keine politische Frage, sondern eine ärztliche Entscheidung, die nicht durch Gesetze geregelt werden muss: Wenn medizinisch-wissenschaftliche Erkenntnisse dafür sprechen, dass solche Kinder besser nicht operiert werden sollten, dann sollten die entsprechenden Richtlinien geändert werden.

Hier die Selbstbestimmung der Geschlechtsidentität ins Spiel zu bringen, hätte verheerende Folgen, insbesondere für die Rechte der Frauen. Ein Beispiel: Seit Jahren heißt es, es sei unabdingbar, nach Geschlecht aufgeschlüsselte Daten zu haben, damit zum Beispiel die unterschiedlichen Auswirkungen einer Therapie auf Männer und Frauen genauer bewertet werden können. Mehr darüber zu wissen, hat konkrete Auswirkungen auf die Gesundheit der Menschen. Wenn zum Beispiel in einem Antrag auf Zulassung zu einer medizinischen Studie das Geschlecht abgefragt wird, bedeutet das, dass es sich um eine für die Studie so relevante Angabe handelt wie das Alter oder manchmal sogar die ethnische Herkunft. Es wäre unverantwortlich, diese Daten zu verfälschen, indem willkürlich ein anderes oder gar kein Geschlecht angegeben wird.

Fazit: Wenn das Geschlecht nicht relevant ist, ist es nicht notwendig, es anzugeben. Aber wenn es relevant ist, darf nicht willkürlich irgendein Geschlecht angegeben werden.

Kommen wir nun zurück zur Frage der Geschlechtsidentität. Wie wird diese definiert? Die Schlüsselfrage ist: Nach welchen Kriterien beurteile ich, ob ich mich »männlich« oder »weiblich« »fühle« oder weder noch oder irgendetwas dazwischen? Wichtiger noch: Auf welcher Grundlage entscheidet jemand, der mich beobachtet, dass meine Geschlechtsidentität mit dem mir bei der Geburt zugewiesenen Geschlecht übereinstimmt, mich somit als »cisgender« definiert? Gewiss nicht aufgrund sekundärer Geschlechtsmerkmale. Denn diese sagen – eben aufgrund der Definition der Geschlechtsidentität – nur etwas aus über mein biologisches Geschlecht, aber nichts über meine Geschlechtsidentität.

Also, auf welcher Grundlage wird entschieden? Ich befürchte, dass all die Geschlechterstereotypen, die wir mühsam versucht haben zu überwinden, durch die Hintertür wieder hereinkommen.

Ich entdeckte schon als Kind, dass »Frausein« mehr bedeutete, als nur ein weibliches Exemplar der Gattung Homo sapiens zu sein. So dachte ich, als meine Nachbarin mit mir schimpfte, weil ich gepfiffen hatte, und Pfeifen sei Männersache, dass man dazu keine speziellen Geschlechtsorgane braucht. Oder wenn es immer wieder hieß, wegen meiner kurzen Haare sähe ich aus wie ein Junge. Später als Erwachsene entdeckte ich, dass die Verbindung des Männlich-Seins oder des Weiblich-Seins mit bestimmten Verhaltensweisen oder einer Art des Auftretens, der Kleidung, der Frisur, des Denkens – manchmal eine so feste Verbindung, dass sie »natürlich« erschien – eine kulturelle und soziale Konstruktion ist.

Streng genommen handelt es sich um einen logischen Trugschluss, wenn aus dem Sein (Mann/Frau) ein Sollen (Geschlechterrollen und Stereotypen) abgeleitet wird. Diese Vorstellungen hatte der Feminismus zerstört und die Frage, was es bedeutet, eine Frau zu sein, auf die simple und offensichtliche Tatsache zurückgeführt: Es bedeutet nur, ein weibliches Exemplar der Gattung Homo sapiens zu sein. Mehr nicht. Wie dann ein jedes weibliche Exemplar dieser Gattung seine Haare trägt, sich kleidet, welchen Beruf es wählt, welche Orte es aufsucht und welche Menschen es liebt, das alles hat absolut nichts mit dem Frausein zu tun. Die Entkopplung des biologischen Geschlechts von den Geschlechterrollen ist eine der großen Errungenschaften des Feminismus. Das hat nicht nur die Frauen, sondern auch die Männer befreit, indem es ihnen zeigte, wie undramatisch es ist, wenn sie nicht den an sie gerichteten Erwartungen der Gesellschaft entsprechen.

Aber wenn dem Frausein oder Mannsein nichts Spezifisches entspricht, was bedeutet es dann, sich als Frau oder Mann »zu fühlen«? Was geschähe mit der Geschlechtsidentität, wenn Kinder völlig freie Ausdrucksmöglichkeiten hätten? Und vor allem, wenn ihnen gesagt würde, die rollenstereotypen Erwartungen seien falsch und nicht ihre Körper oder ihre Identitäten, wenn sie als Jungen tun wollen, was als mädchenhaft gilt, und umgekehrt? Die Vermutung liegt nahe, dass in vielen Fällen die Frage der »Geschlechtsidentität« wie Schnee in der Sonne dahinschmelzen würde.

Es ist paradox, dass diejenigen, die die sogenannte Geschlechterbinarität infrage stellen wollen, sie letztlich verstärken: Denn das ganze »Spektrum« von cis- über trans-, fluid-, pangender usw. wird eben nur in Relation auf diese beiden stereotypen Geschlechterrollen definiert.

Stellt sich also die Frage: Wozu brauchen wir all diese Etiketten? Es heißt: zur Anerkennung unterschiedlicher Identitäten. »Identität« ist eines der am meisten gebrauchten und missbrauchten Wörter unserer Zeit. Alle reden über Identität, aber niemand kann sie genau definieren. Definieren kommt aus dem Lateinischen und heißt dem Wortsinn nach be-grenzen, Grenzen setzen. Um etwas definieren zu können, müssen wir Grenzen setzen. Das ist bei dem Konzept »Identität« schwierig.

Die Identität eines jeden Menschen ist in ständiger Bewegung, und die Reduzierung auf einen einzigen Stein dieses Mosaiks bedeutet, diese Komplexität zu leugnen, ihn letztendlich in seiner Würde als Gesamtperson zu verletzen. Denn nichts anderes machen die sogenannten Identitären Bewegungen und die religiösen Fundamentalisten: Sie behandeln die Menschen nicht als Individuen, sondern stecken sie in Schubladen und betrachten sie nur als Teil einer Gruppe.

Auch progressive politische Strömungen sind nicht davor gefeit, die komplexe Identität einer Person auf nur eines ihrer Elemente zu reduzieren. So wurde Ende der Achtzigerjahre der Ausdruck »gay community« langsam durch die Abkürzung LGB – für »lesbian, gay and bisexual« – ersetzt. Das klang inklusiver. Wenig später kam noch ein T dazu, um auch die Transmenschen einzuschließen. Inzwischen gehören auch ein Q für »queer«, ein I für Intersexuelle und ein A für Asexuelle dazu.

Irgendein Genie ist dann noch auf die Idee gekommen, der Abkürzung noch ein Pluszeichen anzufügen, für alle Fälle: LGBTQIA+. Aber wie viele Buchstaben sollten wir noch anfügen, um alle, wirklich alle möglichen sexuellen Orientierungen und »Geschlechtsidentitäten« zu erfassen? Wer entscheidet, wann diese Aufzählung vollständig ist? Vorstellbar ist, dass es immer irgendjemanden geben wird, der oder die sich von keinem dieser Buchstaben geeint fühlt.

Es wird deutlich, dass hier ein identitärer Holzweg eingeschlagen wurde. Er führt von der universalen Forderung nach Gleichberechtigung zu identitärer Abschottung. Keine progressive politische Strömung ist gegen diese Gefahr gefeit. Das gilt auch für den Feminismus, wenn er anstelle universaler Emanzipation fordert, eine behauptete weibliche Besonderheit anzuerkennen. Frauen sind nicht schlechter oder besser als Männer. Sie sind schlicht die Hälfte der Menschheit. Und aus diesem Grund und nicht wegen irgendeiner Besonderheit haben sie ein Recht auf Gleichberechtigung.

Nicht alle Kämpfe von Minderheiten und unterdrückten Gruppen sind also per se fortschrittlich und emanzipatorisch. Das sind nur jene, die den Anspruch auf Rechte nicht im Namen der Besonderheiten der unterschiedlichen Gruppen erheben, sondern im Namen der gemeinsamen Zugehörigkeit zur Menschheit.

Was in Schulen los ist

Prof. Marion Felder und Prof. Bernd Ahrbeck

Die Professorin für Sozialwissenschaften an der Universität Koblenz und der Professor für Psychoanalytische Pädagogik an der International Psychoanalytic University Berlin kritisieren den Einfluss von Transaktivisten an Schulen. Im Frühjahr 2022 erscheint von den beiden AutorInnen »Geboren im falschen Körper? Gender-Dysphorie bei Kindern und Jugendlichen« (Kohlhammer Verlag, Stuttgart).

Seit 2011 steigt die Zahl der Kinder und Jugendlichen mit einer Geschlechtsdysphorie in vielen Ländern rasant an, wobei immer mehr Mädchen eine Inkongruenz zwischen ihrem biologischen und dem gefühlten Geschlecht beschreiben. Lehrerinnen und Lehrer werden immer häufiger mit diesem Phänomen konfrontiert.

Hochproblematisch ist dabei die Einflussnahme von Transaktivisten auf Schule und Unterricht. Wie selbstverständlich wird davon ausgegangen, dass möglichst viele Kinder und Jugendliche ihr »bei der Geburt zugewiesenes« Geschlecht hinterfragen sollen, um den »wahren« Kern ihres geschlechtlichen Selbst aufzudecken. Werfen wir hier also einen Blick auf das pädagogische Konzept der Organisation SchLAu (Schwul Lesbisch Bi Trans* Aufklärung) und ihre Broschüre »TRANS* UND SCHULE Infobroschüre für die Begleitung von trans* Jugendlichen im Kontext Schule in NRW« von 2020.

SchLAu führt seit vielen Jahren bundesweit Anti-Dis-
kriminierungsarbeit für LGBTQ-Jugendliche durch, nach
eigenen Angaben mit jährlich 500 Workshops, die circa
11 500 Schülerinnen und Schüler erreichen. Die Organisation gehört der Trägerschaft des Queeren Netzwerks e. V.
an und wird vom Ministerium für Kinder, Familie, Flücht-
linge und Integration in NRW finanziell gefördert.

Als soziale und wissenschaftliche Bezugssysteme von
SchLAu werden Menschenrechtsarbeit, Antidiskriminie-
rungsarbeit, Intersektionalität und eine Pädagogik der viel-
fältigen Lebensweisen angegeben. Das in der Broschüre
vertretene Modell ist trans-affirmativ. Damit ist nicht nur
gemeint, dass mit trans* Jugendlichen anerkennend und
respektvoll umgegangen werden soll. Das sollte eine Selbst-
verständlichkeit sein. Entscheidend ist vielmehr, dass ein
sehr spezielles Verständnis von Transsexualität transpor-
tiert wird. An erster Stelle steht das subjektive Empfinden
der Jugendlichen. »Der Geschlechtseintrag bei der Geburt sagt jedoch nichts über die eigene Geschlechtsidentität aus«, heißt es dort. »Die Geschlechtsidentität beschreibt
das Wissen um das eigene Geschlecht. Sie ist von außen
nicht erkennbar, sondern wird im eigenen Inneren erfahren.« Wenn ihre gefühlte »Geschlechtsidentität« nicht mit
ihrem Geburtsgeschlecht übereinstimme, wird den Jugendlichen angeraten, ihrem Gefühl zu folgen. Hinweise darauf,
dass es hier um einen mühevollen Aufklärungsprozess gehen könnte, um ein inneres Ringen mit offenem Ergebnis,
finden sich keine im Text.

Das Bekenntnis zur Transsexualität wird – in Verken-
nung fundamentaler Unterschiede – mit dem Coming-
out von Homosexuellen gleichgesetzt. Die neue Identität

soll offensiv in einem »Trans-Coming-out« vertreten werden. Wenn es zu Konflikten mit den Eltern kommt, gilt der Grundsatz: »In jedem Fall ist es sehr wichtig, dass Sie das Selbstbestimmungsrecht der trans* Jugendlichen stärken, sie in ihrer Identität ernst nehmen und möglichst sichere Rahmenbedingungen für ein mögliches Coming-out herstellen.« Nach einem »Coming-out« sollen die Jugendlichen mit den neuen Namen und »richtigem« Pronomen angesprochen werden, in allen ihren Lebensbereichen.

Die Broschüre bezeichnet die Toilettenaufteilung nach Geschlecht für non-binäre Menschen als »diskriminierend« und plädiert deshalb für Unisextoiletten, die in neu gebauten Gebäuden verpflichtend sein sollen. In alten Gebäuden sollen getrennte Toiletten umgewandelt werden, wobei unklar bleibt, ob ausschließlich Gemeinschaftstoiletten angestrebt werden.

Nicht erwähnt werden die Folgen, die Unisextoiletten für Mitschülerinnen und Mitschüler haben können. Mögliche Irritationen und Ängste werden nicht thematisiert. Dabei ist gerade das ein sensibler Bereich, wie Untersuchungen über sexuelle Übergriffe in Unisex-Toiletten und -Umkleiden zeigen. Hier wären Kompromisse erforderlich, in die unterschiedliche Interessen eingehen.

Von einer »aufklärenden«, für Lehrer und Lehrerinnen entwickelten Broschüre, die im staatlichen Auftrag schulisch genutzt wird, darf erwartet werden, dass sie sich den Erkenntnissen der aufgeklärten Medizin und Therapie stellt. Der in der Broschüre von SchLAu enthaltene Verweis auf ein »authentisches Selbst«, eine »innere Stimme«, die alleinige Geltung beansprucht, greift zu kurz. Denn dann dürfen Transitionswünsche von Kindern und Jugendlichen nicht mehr hinterfragt werden.

Die Broschüre verwendet mit dem Begriff ›Coming-out‹ einen Begriff, der aus der Homosexualität bekannt ist. Dabei besteht die Gefahr, dass grundlegende Unterschiede verwischt werden. Die Homosexualität bezieht sich auf eine spezielle Objektwahl: Frauen lieben Frauen und Männer lieben Männer. Beide wissen um ihr biologisches Geschlecht, unabhängig davon, wie sie Geschlechtsrollen ausfüllen. Ihre Geschlechtsidentität ist nicht infrage gestellt, ihre Körperlichkeit bleibt unangetastet.

Ganz anders sieht es bei einer Transsexualität aus, die zu einem Eingriff in einen gesunden Körper führt, der lebenslange, irreversible Konsequenzen hat. Fehleinschätzungen können hier dramatische Folgen haben.

Was Schülerinnen und Schüler, Lehrerinnen und Lehrer benötigen, sind umfassende Informationen zum Thema, die den gegenwärtigen wissenschaftlichen Erkenntnisstand widerspiegeln, Reflexionsräume eröffnen und zu kritischen Fragen anregen. Affirmative Ansätze stoßen deshalb zunehmend auf Widerspruch. So zum Beispiel auch in Großbritannien, wo inzwischen Alternativen entwickelt wurden.

Die britischen Organisationen »Sex Matters« und »Transgender Trend« haben eine Broschüre entwickelt, die für ein vorsichtiges und abwartendes Vorgehen plädiert, das sogenannte »watchful waiting«. Titel: »Boys and Girls and the Equality Act. Guidance for Schools«. Sie will die Diskriminierung von Jugendlichen mit einer Genderdysphorie verhindern und zugleich Schutzräume bereitstellen, die dafür sorgen, dass niemand vorschnell in eine transsexuelle Entwicklung getrieben wird.

Geschlechtsstereotypien sollen abgebaut werden, damit Jungen wie Mädchen auch bisher unübliche persönliche Ausdrucksformen zur Verfügung stehen. Keine Schülerin, kein Schüler soll bevorzugt behandelt werden oder Benachteiligungen erfahren, die sich aus der Annahme oder Ablehnung bisheriger Geschlechtsstereotype ergeben. »Im Allgemeinen sollten Schulen Kindern keine Privilegien, keinen Status, keine Stigmatisierung oder Bestrafung zuteilwerden lassen, weil sie den mit ihrem oder dem anderen Geschlecht verbundenen Geschlechterstereotypen entsprechen bzw. nicht entsprechen. Wenn ein Verhalten, eine Tätigkeit oder ein Kleidungsstück, eine Frisur oder ein Schmuckstück für ein Mädchen in der Schule geeignet ist, ist es in den meisten Fällen auch für einen Jungen geeignet und umgekehrt«, heißt es in der Broschüre.

Ein unkonventionelles Verhalten darf, davor wird ausdrücklich gewarnt, nicht voreilig als Wunsch interpretiert werden, dem anderen Geschlecht anzugehören. Zumal bekannt ist, dass sich nicht selten homosexuelle Entwicklungen hinter einer Geschlechtsdysphorie verbergen.

Gleichwohl gibt es soziale Bereiche, in denen das biologische Geschlecht nach wie vor bedeutungsvoll ist. Dazu gehören, der Fairness und Chancengleichheit halber, die allermeisten Sportarten und ebenso getrennte Toiletten und Umkleideräume. Die Interessen von Jugendlichen, die eine Geschlechtsdysphorie aufweisen, müssen beachtet werden. Ihre Umsetzung stoße aber dort an Grenzen, wo sie mit den Belangen anderer kollidieren.

»Für Kinder, die keine Einrichtungen gemeinsam mit Kindern ihres eigenen Geschlechts nutzen möchten, sollte die Schule ihnen nach Möglichkeit alternative private (Unisex-)Einrichtungen zur Verfügung stellen. Die Tatsache, dass ein Kind Einrichtungen des anderen Geschlechts nutzen möchte, ist kein Grund, ihm dies zu gestatten, da die körperliche Privatsphäre der anderen Kinder untergraben wird.«

Beispiele dafür gibt es viele, nur eines davon sei hier genannt. Wie mag es Mädchen ergehen, die körperliche und sexuelle Gewalterfahrungen durch männliche Personen erlitten haben und sich nun zwangsweise in einem ungetrennten Raum wiederfinden? Mädchen sind nicht schon allein deshalb »transphob«, weil sie ihre Intimitätsräume sichern wollen und sich anderenfalls bedroht fühlen.

Aber auch umgekehrt besteht ein Schutzbedürfnis, wenn Trans-Jugendliche Übergriffen, Entwertungen und Beschämungen ausgesetzt sind, denen sie nicht entgehen können.

Dazu, wie Schülerinnen und Schüler mit einer Gender-Dysphorie angesprochen werden sollten, findet sich in den Empfehlungen von »Sex Matters und Transgender Trend« folgende Aussage: »Ein Schüler kann verlangen, dass Gleichaltrige und Mitarbeiter ein ›bevorzugtes Pronomen‹ verwenden, aber er kann dies nicht erzwingen. Es sollte dargestellt werden, dass andere Kinder nicht verpflichtet sind, Geheimnisse zu teilen oder über das Geschlecht die Unwahrheit zu sagen. Den Kindern sollten Informationen gegeben werden, die altersgerecht und ehrlich sind.« Wenn das gewünschte Pronomen nicht verwendet wird, erfolgen seitens der Lehrerinnen und Lehrer keine dirigistischen Eingriffe oder Sanktionen. Vielmehr suchen sie einen Dialog darüber.

Ein auf Respekt und Einfühlsamkeit beruhender Umgang aller Beteiligten setzt voraus, dass niemand gemobbt oder diskriminiert wird. Dem soll mit Entschiedenheit entgegengetreten werden. Es muss aber auch gesichert sein, dass es keine Denkverbote gibt und sich alle Schülerinnen und Schüler frei äußern können, ohne dass sie aus ideologischen Gründen der Trans- oder Homophobie bezichtigt werden.

Jetzt sprechen die Eltern

Ihre Töchter erklärten von einem Tag auf den anderen, dass sie eigentlich Jungen sind. Peergroups bestärken sie und Therapeu-tInnen fragen nicht nach den Ursachen der vorgeblichen »Ge-schlechtsdysphorie«. Jetzt haben sich Eltern in der Initiative ›Parents of ROGD-Kids« zusammengetan. ROGD steht für ›Rapid Onset Gender Dysphoria«, also Geschlechtsdysphorie, die plötzlich und ohne Vorzeichen bei pubertierenden Jugend-lichen, meist Mädchen, einsetzt. Die Initiative wurde in den USA gegründet, seit 2019 initiierte die selbst betroffene Mutter Lisa Müller den deutschen Ableger. Chantal Louis sprach Ende 2021 mit Lisa, Leo, Therese und Hannah (alle Namen geändert).

Wie haben Ihre Töchter Ihnen mitgeteilt, dass sie sich als Junge fühlen?
Leo Unsere Tochter hat uns per WhatsApp mitgeteilt, dass sie lieber ein Junge sein möchte. Später haben wir begrif-fen, dass das nicht ihre eigenen Worte waren, sondern dass sie das irgendwo abgeschrieben hatte. Bis zu ihrem 13. Ge-burtstag hat sie sich sehr weiblich verhalten und das tut sie eigentlich immer noch. Nachdem unsere Tochter uns also mitgeteilt hat, dass sie angeblich trans ist, haben wir an-gefangen zu recherchieren. Wir haben einige Empfehlun-gen für Psychologinnen in unserer Gegend bekommen. Es stellte sich dann aber heraus, dass sie alle ihre Praxis einge-stellt haben, weil sie massiven Angriffen ausgesetzt waren und auch schon juristisch gegen sie vorgegangen wurde.

Wir sind dann an einen Psychologen geraten, der innerhalb einer Viertelstunde eine Entscheidung getroffen hat. Darüber waren wir als Eltern ziemlich entsetzt. Daraufhin habe ich dann weitergerecherchiert und bin auf das Portal der Elterninitiative gestoßen.

Therese Unsere Tochter, das jüngste von fünf Kindern, hat uns im Februar durch ihre ältere Schwester mitteilen lassen, dass sie nicht unsere Tochter, sondern unser Sohn sei. Und wir als Eltern können kaum unterscheiden, was vom Gesagten wirklich ihrem Empfinden entspricht und was übernommene Information oder Meinung aus dem Internet ist. Bis dahin war für uns nicht feststellbar, dass sie sich als Mädchen unwohl fühlt. Man muss dazu sagen: Einer unserer Söhne ist diagnostizierter Asperger-Autist. Und unsere Jüngste hat seit dem Kleinkindalter verschiedene Anzeichen aus dem autistischen Spektrum gezeigt. Allerdings hat sie das wesentlich besser gemeistert als ihr Bruder, sodass wir auf die Diagnostik verzichtet haben. Wir dachten: Sie passt sich so gut an, sie kommt zurecht. Leider haben wir erst im Nachgang gelernt, dass weibliche Autisten oft ganz anders ticken als männliche.

Wie alt war Ihre Tochter, als sie Ihnen mitgeteilt hat, dass sie »Ihr Sohn« ist?

Therese Sie war 13. Und wir wussten einfach nicht, an wen wir uns wenden sollten. Wir wohnen sehr ländlich und es ist sehr schwierig, hier überhaupt Kinderpsychologen zu finden, geschweige denn jemanden, der das Thema Geschlechtsdysphorie in seinem Leistungsspektrum hat. Wir haben uns dann an das Elternnetzwerk gewandt, weil wir das dringende Gefühl hatten, dass wir Informationen brauchen, die sich nicht nur rein affirmativ mit dem Thema Transsexualität und diesem Leitsatz »Ich stecke im falschen Körper« befassen. Denn wir sehen das bei unserer Tochter einfach nach wie vor überhaupt nicht.

Haben Sie inzwischen einen Psychologen oder eine Therapeutin gefunden?
Therese Der erste Termin, den wir in der Gender-Ambulanz der nächstgelegenen Uniklinik bekommen haben, ist erst in einem Dreivierteljahr.
Lisa Unsere Tochter war gar nicht burschikos, sie war nur einfach nicht so tussihaft wie andere Mädchen. Und sie hat nicht ständig versucht, den Jungs zu gefallen. Deshalb wurde sie von den Jungs gemobbt. Als sie 16 wurde, hat sie uns erklärt, dass sie ihren weiblichen Körper hasst und eigentlich ein Junge sei. Sie erzählte uns, dass sie sich schon zweimal in ein Mädchen verliebt hatte. Als wir ihr sagten, dass das doch kein Problem wäre, hat sie geantwortet, dass es »sie anpisst, als Lesbe gesehen zu werden«. Sie wurde darin von allen Seiten bestätigt und bestärkt. Von den Lehrern, von den Sozialarbeitern, von den Therapeuten.

Hannah, wie war das bei Ihnen?
Hannah Bei uns kam die Erklärung unserer Tochter auch aus heiterem Himmel. Sie hat uns einen Brief hingelegt, in dem kurz und knapp stand, dass sie ein Junge ist und mit den männlichen Pronomen angesprochen werden möchte. Sie hat uns dazu beglückwünscht, dass wir jetzt einen Sohn haben. Wir sind aus allen Wolken gefallen, weil wir vorher überhaupt keine Anzeichen gesehen haben. Wir hatten in keinster Weise den Eindruck, dass sie darunter gelitten

hätte, ein Mädchen zu sein. Sie war zwar nie das »typische« Mädchen mit Glitzer und Rosa und Kleidchen, aber das war ich in meiner Kindheit und Jugend auch nicht.

Und wie haben Sie reagiert?

Hannah Als sie aus der Schule kam, habe ich sie darauf angesprochen, und sie hat mir einen sehr sachlichen und emotionslosen Vortrag gehalten, bei dem sie mit Fachbegriffen um sich geworfen hat. Sie hat in der Coronazeit und im Lockdown viel Zeit im Internet verbracht und sich vermutlich dort dieses »Wissen« angelesen. Und dann sagte sie: »Ich habe mich mit dieser Thematik befasst und gedacht, das könnte eventuell zu mir passen.« Ich habe dann selbst im Netz recherchiert und war verzweifelt, weil ich ausschließlich Websites und Artikel gefunden habe, die total affirmativ waren. Ich habe mich allmählich gefragt, ob ich meine Zweifel überhaupt zulassen darf, weil es immer nur darum ging, das Kind zu bestätigen. Ich war schon fast an dem Punkt zu sagen: Dann bleibt uns wohl nichts anderes übrig. Nach vielen Stunden, vielen Klicks und Links bin ich dann schließlich auf die Elterninitiative gekommen. Da habe ich dann endlich andere Stimmen gehört. Das war sehr erleichternd, weil ich dachte: Okay, ich bin nicht die Einzige, die Bedenken hat.

Therese Für uns war das auch extrem erleichternd zu sehen: Wir spinnen nicht. Es gibt andere Eltern, die auch hinterfragen und begründete Zweifel haben.

Wie könnten Ihre Töchter auf die Idee gekommen sein, nicht mehr als Mädchen leben zu wollen?

Leo Früher hätte man es wohl Pubertät genannt. Bei jungen

Mädchen verändert sich der Körper besonders stark. Natürlich müssen die jungen Menschen damit klarkommen und einen Weg finden. Da bieten diese transsexuellen Ideologien – und ich nenne das bewusst so, weil sie daherkommen wie eine Religion ohne Gott – einen Ausweg. Darüber hinaus gab es ein einschneidendes Ereignis in ihrem Leben. Sie hat als eine der ganz wenigen nicht die Versetzungsempfehlung zum Gymnasium bekommen und fühlte sich dadurch ihren Freundinnen gegenüber zurückgesetzt. Seitdem hat sie ein sehr angeknackstes Selbstbewusstsein. Sie war eine Zeit lang magersüchtig und hat angefangen, sich zu ritzen. Sie ist inzwischen in psychologischer Behandlung, aber dort wird der Wunsch unserer Tochter, ein Junge sein zu wollen, überhaupt nicht hinterfragt. Die Therapeutin hat nach einer halben Stunde Gespräch mit unserer Tochter zu uns gesagt: »Jetzt müssen Sie diesen Weg gehen!« Wir haben ihr erklärt, dass wir den Wunsch haben, dass sie als Therapeutin versucht, die Ursachen für den Transitionswunsch herauszufinden.

Lisa Das ist das, was wir Eltern eigentlich erwarten: Das Kind geht zu einer Therapeutin und dann wird nach den Ursachen geschaut. Das ist aber nicht der Fall. Wir hören immer wieder von Eltern, dass Therapeuten und Psychiater den Transitionswunsch des Kindes einfach bestätigen. Das große Problem ist, dass häufig ganz andere Probleme hinter der angeblichen Genderdysphorie stecken: Autismus, ADHS, verdrängte Homosexualität oder eine Form von Trauma. Und ich finde es fahrlässig, dass Fachleute das ausblenden und sich nur auf die behauptete Genderdysphorie beschränken. Dieser Berufsstand scheint einer Ideologie verfallen.

Therese Bei unserer Tochter liegt die Mixtur der verschiedenen Probleme eigentlich auf der Hand: Da ist einerseits die Autismus-Spektrum-Störung. Unsere Tochter hat außerdem eine Hochbegabung, und das birgt die große Gefahr, dass sie sich zeitlebens in ihrer jeweiligen Peergroup unpassend fühlen wird. In der ersten Klasse hat sie überhaupt keine Freunde gefunden, bis auf einen Jungen, der aufgrund seiner Hochbegabung dann aber in die zweite Klasse versetzt wurde. Auf der weiterführenden Schule ging es dann ähnlich weiter und in der Pubertät hat es sich dann noch mal verschärft. Hinzu kommt, dass ihre Schwester ein totales »Parademädchen« ist: Stöckelschuhe, Glitzer, Rosa, Mode, Locken, Schminken. Sie wird überall bewundert. Wo wir mit beiden Töchtern hinkommen, wird die ältere mit Komplimenten überhäuft. Und die kleine steht immer daneben. Aus meiner Sicht hat alles dazu beigetragen, dass unsere Tochter sich total unwohl in ihrer Haut gefühlt hat und eine Lösung hermusste.

Und diese Lösung sieht sie darin, das Geschlecht zu wechseln?
Therese Als ich sie gefragt habe, was denn für sie als Junge besser würde, hat sie gesagt: »Das ist die Antwort auf die ganze Scheiße in meinem Leben.« Also überall, wo sie aneckt, wo sie sich nicht wohlfühlt, wo sie denkt, dass sie nicht in die Gruppe passt, soll es dann besser werden. In ihrer Vorstellung ändert sich dann alles. Sie denkt: Ich lebe dann als Junge – und dann ist die Welt in Ordnung. Wir können eigentlich gar nicht mit ihr reden. Das artet immer gleich aus in Geschrei und Beschimpfungen. Und sie droht uns damit, sich umzubringen. Das ganze Programm.

Autistische Mädchen erfüllen oft die weiblichen
Rollenstereotype nicht. Sie lächeln nicht ständig, sie sind
etwas spröde und ein bisschen nerdig. Damit ecken sie an.

Therese Das ist bei unserer Tochter auch so. Zur »Scheiße« in ihrem Leben zählt sie auch ihre Aggressionen. Und sie glaubt, dass sie damit als »Junge« besser umgehen kann. Und wir sehen ja den Unterschied zu unserem autistischen Sohn, der auch mit Aggressionen zu kämpfen hatte. Der hatte auch seine Krisen, aber die haben nichts mit seiner Geschlechterrolle zu tun. Der findet es cool, dass er ein Typ ist, und er wollte auch nie was anderes sein.

Hannah Ich würde bei meiner Tochter ausschließen, dass es in erster Linie körperliche Gründe hat. Als sie mit zwölf ihre Tage bekommen hat, war sie ganz aus dem Häuschen und total happy. Sie hat es richtig zum Thema gemacht, dass sie jetzt eine Frau wird und dazugehört. Und sie macht auch jetzt immer noch nicht den Eindruck, dass sie sich in ihrem Körper unwohl fühlen würde. Aber sie war schon im Kindergarten einzelgängerisch und eigenbrötlerisch. Sie hat sehr in ihrer Welt gelebt, war sehr kreativ und sehr fantasievoll und gar nicht so auf Kontakte mit anderen Kindern bedacht. In der Grundschule war sie weiter als die anderen Kinder und ist von ihrer Lehrerin für ein Programm für Begabte vorgeschlagen worden. Daran hat sie auch mit Begeisterung teilgenommen. Und sie hat immer gesagt: ›Ich kann mit meinen Mitschülern, egal, ob Mädchen oder Jungen, nichts anfangen.« Auf dem Gymnasium ging das so weiter. Da hatte sie nur Kontakt mit einer anderen Eigenbrötlerin, mit der sie sich aber nicht privat verabredet hat. Sie lebt eher zurückgezogen in ihrer Welt. Außerhalb fühlt sie sich unpassend. Und nun glaubt sie, dass der Grund dafür in ihrem Geschlecht liegt, obwohl sie ja offensichtlich vor allem mit ihrem geistigen und sozialen »Anderssein« zu kämpfen hat. Und, eine Parallele zur Tochter von Therese: Die jüngere Schwester unserer Tochter ist auch ein »typisches Mädchen« mit Schickmachen und Schminken und so. Und wenn sich unsere Tochter mit ihrer Schwester vergleicht, ist sie eben kein »typisches Mädchen«. Dabei kann man doch heutzutage sein, wie man will. Und dazu muss man nicht seinen Körper verändern und lebenslang auf Medikamente angewiesen sein. Aber das war für unsere Tochter kein Argument.

Leo Genau dieses Gespräch haben wir mit unserer Tochter auch gehabt. Wir haben versucht, ihr klarzumachen, dass es doch heutzutage kein Problem mehr ist, burschikos oder androgyn zu sein, oder wie immer man das nennen will. Aber das akzeptiert sie nicht als Argument.

Therese Trans steht als Möglichkeit, Lösung und Antwort auf alles im Internet permanent parat. Und hinzu kommt ja, dass Transsexualität in den Medien zunehmend »beworben« wird. Und sobald man sich nur anschickt, räuspernd eine Frage zu stellen, muss man sehr viel über sich ergehen lassen. Es ist politisch völlig inkorrekt, das zu hinterfragen. Dabei spreche ich noch nicht mal von Kritik, nur von Fragen.

Lisa Dass da eine medizinische Behandlung folgt, die irreversible Folgen hat, wird total bagatellisiert. Man selbst fragt sich ja: Was bringt jemanden dazu, etwas so Dramatisches mit seinem Körper zu machen? Aber die Jugendlichen selbst empfinden das offenbar nicht als so radikal. Die Schwelle, seinen Körper hormonell oder sogar chirurgisch zu verändern, ist total gesunken. Was die Medizin für machbar erklärt, das wird als harmlos betrachtet. Die Trag-weite und Nebenwirkungen der Behandlungen werden den Kindern nicht klargemacht. Das Problem ist: Man hat ent-pathologisiert, wo man hätte entstigmatisieren müssen.

Welche Rolle spielen dabei Ihrer Erfahrung nach die Medien?
Leo Was die Medien zeigen, entspricht quasi alles dem af-firmativen Ansatz. Das ist ein exotisches Thema, mit dem man Zuschauer und Leser anzieht. Eigentlich hat das Thema eine Präsenz, die der eigentlich ja sehr geringen Zahl an Betroffenen gar nicht entspricht.
Hannah Ich habe gerade noch einen Artikel darüber ge-lesen, dass die so stark gestiegene Zahl der sich als trans outenden Teenager deshalb so hoch sei, weil jetzt endlich genug Aufklärung und Informationen vorlägen. Aber es denkt niemand darüber nach, wie einseitig diese Informa-tionen sind, die die Jugendlichen konsumieren. Und dass die vielleicht auch noch gar nicht die geistige und emotio-nale Reife besitzen, die Informationen angemessen zu ver-arbeiten. Hinzu kommt die Filterblase, in der man sich im Internet befindet. Es werden einem ja gar keine Alternati-ven mehr aufgezeigt.
Therese Jede Vorabendserie braucht inzwischen ihren glück-lichen Transmenschen, der die Welt verbessert.

Gibt es im Umfeld Ihrer Töchter Transmenschen?
Leo In der Klasse unserer Tochter gab es fünf oder sechs Mädchen, die ebenfalls behaupteten, eigentlich Jungen zu sein. Die meisten sind davon inzwischen wieder abgerückt.
Hannah Wir haben im Bekanntenkreis ein Mädchen, das sich als trans geoutet hat. Die Schwester dieses Mädchens

hat sich dann ein Jahr später ebenfalls zum Jungen erklärt. Und im letzten Jahr kam noch ein Klassenkamerad unserer Tochter dazu.

Therese An unserer Schule gibt es einen Transmann, der der Deutschlehrer meiner Tochter ist. Als ich mit der Schulleiterin darüber gesprochen habe, dass unsere Tochter sich an der Schule outen will, erklärte sie, dass sie im engeren Familienkreis auch eine Transperson hat. Kürzlich hat einer meiner Brüder mir erzählt, dass seine Tochter ihm jetzt auch erklärt habe, dass sie sich als Mädchen nicht mehr wohlfühle.

Lisa Man hat das Gefühl, die Kinder werden regelrecht gehirngewaschen. Wenn die Eltern sagen »Das ist vielleicht nur eine Phase« oder »Du kannst doch auch mit deinem Körper so sein, wie du willst«, geht bei denen die rote Lampe an: Dann sind die Eltern »transphob«.

Wie sind Sie als Elterninitiative aktiv?

Lisa Wir sind ja ein Ableger der amerikanischen Initiative »Parents of ROGD-Kids«. Unsere Mitglieder wollen nicht namentlich auftreten, weil sie ihre Kinder schützen wollen. Wir beschränken uns also auf das Teilen von Informationen und die gegenseitige Unterstützung. Doch international werden Eltern nun laut. Elterninitiativen, von denen es inzwischen sehr viele gibt – vor allem in den USA, in Großbritannien und Skandinavien –, haben sich vernetzt und die Dachorganisation »Genspect« gegründet. Da gehen Eltern aktiv an die Öffentlichkeit. Bei Genspect bleiben zwar auch die meisten Eltern anonym, aber dort engagieren sich auch PsychologInnen, TherapeutInnen, LehrerInnen und auch Transmenschen und Detransitionierer als Sprachrohr für uns. Darüber hinaus haben die Fachleute eigene Organisationen gegründet: Die ersten waren die »Society for Evidence Based Gender Medicine«, SEGM. Das sind MedizinerInnen und PsychologInnen, die die Behandlung von Jugendlichen mit Geschlechtsdysphorie auf eine wissenschaftlich fundierte Basis stellen wollen. Darin sind unter anderem Whistleblower aus der Tavistock-Klinik. Und es gibt im englischen Sprachraum Online-Therapiegruppen für Eltern von transidentifizierten Jugendlichen. Mit den Eltern-Beiträgen werden gleichzeitig Therapien für Detransitionierer finanziert. Denn die werden ja vom Gesundheitssystem völlig ignoriert.

Was tun?
L sa Das Problem ist, dass es keinen Mittelweg gibt. Ein bisschen transitionieren geht genauso wenig wie ein bisschen schwanger sein. Durch das sogenannte affirmative Behandlungsparadigma wird jeder, der auf Identitätssuche ist, ratzfatz im neuen Selbst bestärkt und medikalisiert. Es bleibt nicht bei Klamotten, Frisur und blauer Haarfarbe. 95 Prozent der Eltern würden ihr Kind liebend gern experimentieren lassen und sie auch mit Wunschnamen und Wunschpronomen ansprechen. Aber leider mündet die sogenannte soziale Transition meistens in die medizinische. Natürlich würden die Eltern auch das mittragen, wenn denn sicher wäre, dass es keinen anderen Weg gibt und das Risiko, dass das Kind dies später bereut, gering wäre. Aber wie sollen Eltern Fachleuten vertrauen, die sich so benehmen?
Therese Wenn ich mir sicher sein könnte, dass meine Tochter bis zum 25. Lebensjahr nichts anderes möchte, als mit einem anderen Vornamen angesprochen zu werden, dann

hätte ich damit überhaupt kein Problem. Aber ich weiß, dass ich sie damit in ihrer Vorstellung bestätige, dass sie sich auch körperlich verändern muss.

Hannah Und da geht es um Eingriffe in einen gesunden Körper, die größtenteils unumkehrbar sind. Und ich denke, bevor man einen Körper lebenslang mit Hormonen belastet, sollte man erst mal versuchen, Alternativen zu finden und sich mit dem Körper auszusöhnen. Das finde ich eher wahre Freiheit und Selbstbestimmung – wenn man ohne medizinische Maßnahmen glücklich sein kann.

Was halten Sie vom sogenannten Selbstbestimmungsgesetz, das den Geschlechtswechsel per Sprechakt ab 14 ermöglicht?

Leo Ich halte dieses Gesetz für absolut unverantwortlich. Wir wissen doch, dass Kinder in diesem Alter nicht in der Lage sind, die Auswirkungen einer so weitreichenden Entscheidung zu überblicken. Gerade die Grünen sollten eigentlich aus ihren Fehlern gelernt haben. Sie haben ja bei ihrer Befürwortung von Sexualität zwischen Erwachsenen und Kindern schon einmal Kinder zu kleinen Erwachsenen erklärt.

Therese Uns stehen die Haare zu Berge. Ich hatte aus Gründen, die mit der Therapie unseres autistischen Sohns zu tun haben, sehr viel mit dem Jugendamt zu tun und wurde deshalb oft zu »Jugendamtsthemen« um Rat gefragt. Da ging es immerzu um das »Kindeswohl«. Und ich würde mir wünschen, dass in dieser ganzen Trans-Debatte das Kindeswohl auch mal eine Rolle spielen würde. Und dass wir die Maßstäbe, die wir in anderen Bereichen an die Reife eines Menschen ansetzen, auch hier geltend machen würden. Es gibt Filme, die sind ab zwölf, ab 16 oder ab 18 erlaubt. Das Erwachsenenstrafrecht greift erst ab 21. Man darf bestimmte Fahrzeuge erst ab 21 fahren. Und bei einer Entscheidung, die unumkehrbare seelische und körperliche Folgen hat, da sollen Jugendliche das selbst entscheiden können? Ich möchte einfach, dass vor einer Transition gründlich Ursachenforschung betrieben wird. Damit mein Kind sich nicht in zehn Jahren vor den Zug schmeißt, weil es festgestellt hat: Jetzt bin ich keine Frau mehr, aber genauso unglücklich wie vorher.

Eltern, die den Transitionswunsch ihrer Kinder hinterfragen, wird schnell eine Nähe zur AfD vorgeworfen. Ihnen auch?
Lisa Natürlich. Wir sind angeblich rechts und fundamentalreligiös. Hingegen wird den Eltern, die ihr Kind im neuen Geschlecht bestätigen, suggeriert, dass sie einer Avantgarde angehören. Dort geht es geradezu sektenhaft zu. Mal sehen, wer denen zur Seite steht, wenn das böse Erwachen kommt. Ich selber habe mein Leben lang die Grünen gewählt und fühle mich von denen komplett verraten. Damit bin ich nicht alleine. Sehr viele Eltern sind politisch heimatlos geworden.

Transgender in anderen Kulturen

Susanne Schröter

Die Autorin ist Professorin für »Ethnologie kolonialer und post-kolonialer Ordnungen« an der Universität Frankfurt. Anmerkungen über die »nicht-binären« Geschlechterkategorien in indigenen Gesellschaften.

Zahlreiche AktivistInnen und WissenschaftlerInnen haben sich in den vergangenen Jahrzehnten enthusiastisch über »nicht-binäre Genderkategorien« in außereuropäischen Gesellschaften geäußert. Darunter auch die/der KulturanthropologIn und TransaktivistIn Carla LaGata/Carsten Balzer in einem Dossier der »Bundeszentrale für politische Bildung«, die darin auf ethnologische Befunde aus Asien, Afrika, Ozeanien und Teilen Europas verweist. Erst der Kolonialismus habe der bunten Vielfalt ein Ende bereitet. Sehen wir uns diese Phänomene also einmal genauer an.

Unbestreitbar ist, dass rigide europäische Gendernormen im Prozess der Kolonisation in die außereuropäische Welt exportiert wurden. Doch folgt daraus schon, dass die Kolonisierten in Bezug auf Sexualmoral und Geschlechterverhältnisse bis dahin eine weniger repressive normative Ordnung herausgebildet hatten? Lassen sich indigene Gendervarianten, die mit einem eigenen Terminus bezeichnet werden, als Indikatoren für nicht-binäre Genderordnungen deuten? Sind Genderordnungen, in denen mehr als zwei Geschlechter benannt werden, weniger patriarchalisch als

Genderordnungen, die nur zwei Genderbenennungen kennen? Haben Männer und Frauen die gleichen Möglichkeiten, aus binären Strukturen auszubrechen? In welchem Verhältnis stehen moderne LGBTI-Personen zu indigenen Transgender-Varianten?

Legen wir zunächst einmal die Fakten auf den Tisch. In vielen kulturellen Kontexten existiert ein Phänomen, das in der Literatur als »drittes« oder »viertes« Geschlecht bezeichnet wird. Gemeint sind Personen, die wir in unseren Kategorien als »trans«, also anatomisch als Jungen bzw. Mädchen geborene Menschen bezeichnen, die später ihr Geschlecht wechseln oder eine zwischen den Geschlechtern stehende Position einnehmen. Zu einem numerisch geringen Teil gehören auch Intersexuelle dazu, wenngleich diese meist eine herausgehobene eigene Kategorie darstellen.

Beispiele für indigene Transgender sind die *xanith* in Oman, die *hijras* in Indien und Pakistan, die *kathoey* in Thailand, die *mahu* auf Tahiti, die *fa'a fafine* auf Samoa, die *robelija* in Albanien, die *igba ohu* in Nigeria, die *travestis* in Brasilien oder die *nadleehe* bei den Zuni. Zweifellos sind sie Belege für die gesellschaftliche Anerkennung nicht-binärer Genderkategorien, jedoch existieren bzw. existierten (einige Phänomene gehören weitgehend der Vergangenheit an) diese ausnahmslos in Gesellschaften, die auf einer hegemonialen, teilweise sogar extremen Gender-Binarität basierten. Es handelt sich dabei um eine Binarität, die nicht zwischen Sex und Gender unterscheidet, die soziale Rolle einer Person zwingend aus der Anatomie ableitet. Darüber hinaus haben diese Gesellschaften eine heterosexuelle Norm, die eine weitgehende oder ausschließlich geschlechtlich determinierte Tätigkeitsbeschreibung beinhaltet. Homosexualität wird in den meisten dieser Gesellschaften geächtet oder steht sogar unter Strafe.

Nehmen wir einmal Beispiele aus dem indigenen Nordamerika. Dort gab es in der Vergangenheit in der Tat eine Vielzahl nicht-binärer Kategorien, doch diese galten dezidiert als Ausnahmen der binären Regel. Zweigeschlechtlichkeit und Heterosexualität waren normativ gesetzt. Die meisten Tätigkeiten waren zudem einem bestimmten Geschlecht zugeordnet. Wenn sich ein Kind für Handlungsfelder interessierte, die nicht seinem anatomischen Geschlecht zugeordnet waren, konnte es passieren, dass es sich dem Verdacht aussetzte, im falschen Körper zu sein. Zeigte ein Junge nachhaltige Begeisterung für das Weben oder ein Mädchen für das Jagen, dann wurde oft ein sozialer Geschlechtswechsel eingeleitet.

Ähnlich war es bei Homosexualität, die als kategorisch inakzeptabel galt. Homosexuelle beiderlei Geschlechts wurden genötigt, ihr Geschlecht zu wechseln, um mit einem Partner oder einer Partnerin zusammenleben zu können, der oder die dann als gegengeschlechtlich galt. Die heterosexuelle Matrix musste unter allen Umständen gewahrt bleiben.

Teilweise schrieb man Transpersonen spirituelle Kompetenzen zu, da man davon ausging, dass Menschen, die einen sozialen »Zwischenraum« besetzen, auch gut geeignet seien, in spirituellen Zwischenräumen zu agieren. Doch das schützte sie nicht vor Diskriminierung und Ausgrenzung.

Ein anderes Beispiel sind die *xanith* in Oman. Es handelt sich um anatomische Männer, die sich entscheiden, eine zwischen den Geschlechtern stehende Rolle einzunehmen. *Xanith* tragen eine Kombination von Frauen- und Männerkleidung, zeigen sich barhäuptig in der Öffentlichkeit, während Männer und Frauen ihr Haar verhüllen, und wählen eine halblange Frisur, die weder dem männlichen (kurz) noch dem weiblichen Stil (lang und geflochten) entspricht. Wie Männer verschleiern sie ihr Gesicht nicht, doch andere Komponenten ihres Auftretens zeugen vom Versuch, weibliche Attraktivität mimetisch zu kopieren: Sie sind gewöhnlich stark parfümiert und auffällig geschminkt, befleißigen sich eines grazilen Gangs und imitieren die hohe Stimmlage von Frauen.

Auch hinsichtlich ihres Bewegungsradius besetzen die *xanith* ein Feld zwischen den Geschlechtern. Während Frauen weitgehend auf die häusliche Sphäre beschränkt sind und Männer den öffentlichen Raum einnehmen, besitzen die *xanith* die Freiheit, zwischen diesen Welten zu wandern. Sie genießen das Privileg, sich wie Frauen innerhalb der geschlossenen Frauengemächer zu bewegen und gleichzeitig wie Männer auf den Markt zu gehen und im Caféhaus zu sitzen. Das erotische Begehren der *xanith* richtet sich ausschließlich auf Männer, und in sexuellen Beziehungen nehmen sie per definitionem den passiven Part ein. Das schützt ihre Partner davor, als homosexuell zu gelten. Homosexualität ist nämlich verboten und wird mit Gefängnisstrafe geahndet.

Ein Gender-Paradies ist Oman also wahrlich nicht. Weibliche Genitalverstümmelung wird weithin praktiziert und die Freiheit der Frauen ist durch patriarchalische Traditionen, einen rigiden Jungfrauenkult und das islamische Recht stark eingeschränkt. Als Sexualpartnerinnen stehen sie Männern außerhalb der Ehe nicht zur Verfügung. In dieser, durch starke Repression gezeichneten Situation füllen *xanith* eine Leerstelle. Sie ermöglichen Männern das Ausleben halb legaler sexueller Beziehungen. Für Frauen existiert eine solche Option nicht. Das »dritte Geschlecht« ist daher alles andere als eine Alternative zu den emanzipativen Entwicklungen in westlichen Staaten.

Die überwiegende Anzahl indigener Transpersonen sind Male-to-Female-Transgender (MTF) und die Gesellschaften, in denen sie leben, sind von rigiden Genderstereotypen geprägt. Homosexualität wird fast überall verurteilt und steht in vielen Ländern darüber hinaus unter Strafe. Transgender ist für MTF und für ihre männlichen Liebhaber ein Ausweg aus diesem Dilemma, da der Schein einer heterosexuellen Norm bestehen bleibt. Innerhalb dieser Matrix ist eine gewisse Form der Anerkennung von Transpersonen möglich, wenngleich dies weder Diskriminierung noch Gewalt ausschließt. Oft verdingen sich MTF in der Prostitution und leben unter prekären ökonomischen Bedingungen.

Female-to-Male-Transgender (FTM) sind selbst in Ländern wie Thailand, die eine außergewöhnliche Toleranz gegenüber nicht-binären Lebensentwürfen zeigen, eher die Ausnahme. In einigen Ländern wie Albanien oder Afghanistan existieren allerdings Sonderkategorien eines FTM, die tief in der Tradition wurzeln. In Afghanistan werden sie *basha posh* genannt, was »wie ein Junge gekleidet« bedeutet, in Albanien, dem Kosovo oder in Mazedonien heißen sie *tobelija* oder *burnesha*. Der deutsche Begriff lautet »geschworene Jungfrauen« und verweist darauf, dass es ihnen nicht erlaubt ist zu heiraten. Sowohl auf dem Balkan als auch in Afghanistan steht das Phänomen in Zusammenhang mit einem Mangel an männlichen Nachkommen. Wenn in einer Familie keine Knaben geboren werden, wird ein Mädchen als Junge erzogen, da es aufgrund einer strengen Geschlechtertrennung nicht erlaubt ist, dass Frauen Männerarbeit verrichten. Dazu kommt die Auffassung, nur Männer könnten die Familie nach außen repräsentieren und notfalls auch mit Waffengewalt verteidigen. Ohne einen Mann im Haus gelten Familien als schwach und schutzlos.

Der Geschlechtsrollenwechsel, der auch mit einer habituellen Übernahme kulturell codierter Männlichkeit einhergeht, kann temporär oder dauerhaft sein. Für Albanien ist verbürgt, dass »geschworene Jungfrauen« ihr ganzes Leben als Männer verbringen, dass sie Alkohol trinken, rauchen, auf die Jagd gehen dürfen und die schwere Arbeit auf den Feldern verrichten. In einigen Fällen wurde eine männliche Identität aber auch selbstständig gewählt, um einem als unattraktiv empfundenen Dasein als Frau zu entgehen. Auch bei diesen Sonderfällen kann keine Rede von nicht-binären Strukturen innerhalb der Gesellschaft sein. Die Phänomene existieren vielmehr genau deshalb, weil sie der Aufrechterhaltung einer patriarchalisch-binären Norm dienen.

Grundsätzlich lässt sich sagen, dass das Phänomen der »dritten« oder »vierten« Geschlechter in außereuropäischen Gesellschaften und europäischen Peripherien nicht auf tolerante normative Genderordnungen hinweisen, sondern die jeweils vorherrschende patriarchalische Binarität und Homophobie bestätigen und unterstützen.

Dort, wo es moderne LGBTI-Bewegungen gibt, geraten deren AktivistInnen häufig sogar in Konflikte mit tradierten Transgendern, die ihre eigene prekäre Akzeptanz von ihnen bedroht fühlen. In Indonesien, wo es nicht nur eine große Vielzahl ethnischer Gruppen, sondern auch unterschiedliche Formen des Transgender gibt, kam es vor einigen Jahren sogar zu einer regelrechten Distanzierungswelle der indigenen Transgender von den urbanen LGBTIs. Letztere erweckten die Aufmerksamkeit muslimischer Extremisten, die LGBTI als gegen den Islam gerichtete Form westlicher Dekadenz brandmarkten. Die lokalen Transgender fürchteten, dass sie ebenfalls in den Fokus der Islamisten geraten könnten, und betonten, nichts mit den AktivistInnen gemein zu haben.

EIN BLICK ZURÜCK

Der Fall Bruce/Brenda Reimer

Alice Schwarzer

Ich schrieb 1975 erstmals über den in der Sexualwissenschaft berühmten Fall Reimer im »Kleinen Unterschied«. Von Kritikern werde ich seither immer wieder damit zitiert – und missverstanden. Seit 1975 ist viel passiert. Auch in dem tragischen Leben von Brenda/Bruce Reimer.

Nach dem »Kleinen Unterschied« (1975) wollte ich eigentlich ein Buch über Transsexualität schreiben. Doch dann habe ich *EMMA* gegründet und hatte keine Zeit mehr zum Bücherschreiben. Warum wollte ich ein Buch über Transsexualität schreiben? Weil mir dieser extreme psychische Konflikt, in dem ein transsexueller Mensch sich »in der falschen Haut« fühlt, ein Hinweis dafür zu sein schien, dass die Seele stärker sein kann als der Körper. Dass also letztendlich nicht das biologische Geschlecht entscheidend ist für das soziale Geschlecht, sondern dass die Psyche den Körper überstimmen kann.

Angeregt worden war ich dazu von einem damals, in den 1970er-Jahren, berühmten Fall. Bei diesem Fall allerdings hatte es sich um eine Art Zwangs-Transsexualismus gehandelt – erzwungen von angepassten Eltern, die sich für ihr Kind nur ein Entweder-oder – entweder Junge oder Mädchen – vorstellen konnten, und ermöglicht von Psychiatern und Sexualforschern, deren Lebensthema die sexuelle Uneindeutigkeit war und die hier den Fall ihres Lebens gefunden zu haben schienen.

Die Rede ist von dem berühmten »Zwillingsfall«, den die SexualforscherInnen John Money und Anke Ehrhardt in ihrem 1975 auf Deutsch erschienenen Buch »Männlich, Weiblich – Zur Entstehung der Geschlechtsunterschiede« anführen: Ein kleiner Junge, dem bei einem operativen Eingriff im Alter von sechs Monaten versehentlich der Penis beschädigt worden war, war auf Anraten von Sexualwissenschaftler Money einfach als Mädchen erzogen worden. Was anscheinend, so zumindest nahm man zunächst an, reibungslos funktioniert hatte – und zum Paradefall der Identitätsdebatte in der Sexualwissenschaft wurde.

Der Fall ist in der Tat sehr interessant. Auch und eigentlich gerade weil er sich ganz anders entwickelt hat als zunächst angenommen. Ein Vierteljahrhundert nach Money und Ehrhardt nämlich veröffentlichte der *Rolling-Stone*-Reporter John Colapinto ein Buch über den »Jungen, der als Mädchen aufwuchs«, und enthüllte, dass in Wahrheit alles schiefgegangen sei. Was stimmt – bis hin zum Selbstmord von Bruce Reimer, so hieß der Zwilling. Erschossen hat Reimer sich allerdings vier Jahre nach Erscheinen von Colapintos Buch.

Und das ist die Geschichte: 1965 kommen die Zwillinge Bruce und Brian als Kinder von Ron und Janet Reimer in Winnipeg auf die Welt. Die Eltern sind gläubige Mennoniten, also Angehörige einer christlichen Sekte. In den ersten Monaten entdeckt die Mutter, dass beide Jungen an einer Phimose, einer Verklebung der Vorhaut, leiden. Im Alter von sechs Monaten werden sie operiert. Was eigentlich ein Routineeingriff ist, geht bei Bruce schief. Sein Penis wird so verletzt, dass nur noch ein verbrannter Stummel bleibt. Die

Eltern sind verzweifelt. Denn ein Junge ohne Penis – das ist kein Junge.

Einige Monate später sehen sie zufällig den Sexualwissenschaftler John Money im Fernsehen. Er spricht über die Behandlung von körperlichen Zwittern sowie seelischen Transsexuellen und die Kluft zwischen psychologischem und genetischem Geschlecht; über die Uneindeutigkeit der biologischen Geschlechter und sozialen Geschlechterrollen also. Die Eltern schöpfen Hoffnung. Sie kontaktieren Money, der zur Operation und Hormonbehandlung rät – und zur Erziehung von Bruce als Mädchen. Denn ein biologischer Junge ohne Penis steht nicht nur seiner Meinung nach auf verlorenem Posten und wird besser gleich ein Mädchen.

Zu diesem Zeitpunkt ist Bruce bereits 17 Monate alt. Das Kind ist es gewohnt, behandelt zu werden wie sein Zwillingsbruder Brian. Jetzt aber beginnt die Umerziehung, um nicht zu sagen der Drill zum Mädchen. Wenn Brian mit dem Vater auf den Sportplatz zieht, muss Bruce/Brenda mit der Mutter zu Hause bleiben; wenn Brian in Jeans rumtobt, wird Brenda in Kleidchen gesteckt. Das Kind wehrt sich und gilt bald als »Tomboy«, als jungenhaftes Mädchen, das lieber mit Jungen spielt (eine Präferenz, die auch so manches biologisch unbeschädigtes Mädchen mit Bruce teilt).

Doch je mehr Bruce sich zur Wehr setzt gegen das Geschlechtsrollendiktat, umso stärker wird der Konformitätsdruck der fundamental-christlichen Eltern. Hinzu kommen die Sitzungen bei Money, die für das Kind traumatisch, für den Wissenschaftler jedoch ein Traumfall sind: ein genetisch männliches Kind, das als Mädchen aufwächst, noch dazu mit einer kongenialen »Kontrollgruppe«, dem Zwillingsbruder an seiner Seite. Der Fall ist so verführerisch für den Forscher, dass er offensichtlich versucht, Bruce um jeden Preis in den Rahmen seiner Theorien zu pressen. Was Colapinto nicht nur den Schilderungen von Bruce/Brenda, sondern auch den Gesprächsbändern entnimmt, die Money selbst später Reimer auf dessen Bitte hin überlassen hatte.

Das Kind kriegt also die doppelte Ladung ab: den elterlichen Drill zum Mädchen – plus wissenschaftliche Begleitung, die rigide darauf achtet, dass es via hormoneller und operativer Behandlung sowie Prägung auch ein »richtiges Mädchen« wird. Nur, das Kind hatte vor Beginn der Behandlung bereits 17 Monate als Junge gelebt; nach dem, was wir von frühkindlichen Prägungen wissen, gerade auch geschlechtsspezifischen, ist das viel. Und nicht nur die Eltern, auch die näheren Verwandten wissen um das Problem. Als Brenda in der Schule auffällig wird, werden auch die Lehrer informiert. Der Junge, der unfreiwillig als Mädchen aufwächst, erhält also von Anfang an eine doppelte Botschaft: Das »Mädchen« bewegt sich in einem Umfeld, in dem die meisten Menschen wissen, dass es eigentlich ein »Junge« ist.

Mit 14 sagt der Vater dem Kind die Wahrheit. Männersache. Bruce/Brenda entschließt sich, von einem Tag zum anderen mit dem schon lange als einengend und fremd empfundenen Leben als Mädchen Schluss zu machen und wieder als Junge zu leben. Er stoppt die verhassten Sitzungen bei Money sowie die Hormonbehandlungen und nennt sich von nun an David.

David Reimer ist 32, als er zum ersten Mal Colapinto trifft, der die »Wahre Geschichte von John/Joan« im *Rolling Stone* veröffentlicht, zunächst noch anonymisiert. Er ist 35, als das Buch erscheint, diesmal mit seinem vollen Namen. Er ist 38, als er sich eine Kugel in den Kopf jagt.

Für die Anhänger der Alles-ist-angeboren-Theorie gilt der tragische Fall als finaler Beweis dafür, was für ein Verbrechen man einem Menschen antut, wenn man ihn nicht seinem biologischen Geschlecht gemäß »männlich« bzw. »weiblich« erzieht. Doch funktionalisieren solche Ideologen Bruce/David Reimer nicht minder, als es offensichtlich schon Forscher Money getan hatte. Für den Tod verantwortlich halten müsste man allerdings beim genauen Hinsehen nicht Money, den Reimer am Ende seines Lebens seit 22 Jahren nicht mehr gesehen hatte, sondern den Enthüllungsjournalisten Colapinto, dem die Story wichtiger war als die Rücksicht auf dieses schon so funktionalisierte Leben.

So überrascht es nicht, dass Colapinto kurz nach Bruce'/Davids Tod in der *Washington Post* einen langen, rechtfertigenden Artikel über »Die wahren Gründe für den Selbstmord« schreibt. Als wahre Motive zählt der Journalist auf: Depressionen in der Familie, Eheprobleme, Schulden, Arbeitslosigkeit und »die Unfähigkeit, ein echter Ehemann« zu sein (wie David selbst es kurz vor seinem Tod seiner Ehefrau gegenüber formuliert haben soll). Übrigens: Davids Zwillingsbruder, der als Mann geborene und als Mann erzogene Brian, hatte bereits zwei Jahre vor ihm Selbstmord begangen.

Wie auch immer, das traurige Leben von Bruce/David taugt wenig als Beleg für die Unabänderlichkeit eines sogenannten natürlichen Geschlechtscharakters. Im Gegenteil: Es ist eher der Beweis für die gnadenlose Konstruktion dieser ganzen Geschlechternormen – und für die Absurdität einer Welt, in der ein Mensch ohne Penis eine »Frau« sein muss. Am humansten wäre es wohl gewesen, den genital-verstümmelten, aber ansonsten gesunden Kleinen einfach trotzdem zeitgemäß als Jungen aufwachsen zu lassen, ganz wie seinen Zwillingsbruder – und ihm behutsam beizubringen, dass auch ein Mann ohne Penis ein Mensch ist (und, so er nur will, sogar ein besserer Liebhaber sein kann als so mancher siegesgewisse Macho).

In einer idealen, vom Geschlechtsnormen-Terror befreiten Welt, in der Menschen nicht in erster Linie Frauen oder Männer wären – und Schwarze oder Weiße etc. –, sondern einfach Menschen, wäre das alles nur ein bedauerlicher Unfall gewesen, nicht mehr und nicht weniger. Denn das biologische Geschlecht wäre dann nur ein Faktor von vielen, der den Menschen zwar mit prägt, ihn jedoch nicht umfassend definiert: als Frau oder Mann.

Nicht zufällig rechnet Colapinto in seinem Buch auch mit John Money, dem berühmten und umstrittenen Sexualwissenschaftler, ganz persönlich ab. Für den *Rolling-Stone*-Journalisten ist der 2006 in Amerika verstorbene, gebürtige Australier Money – der einst selbst über seinen gewalttätigen Vater und das Aufwachsen bei der Mutter geschrieben hatte – nichts als ein pathologischer Fall: ein Männerhasser, eine Memme, ja ein Kastrateur, der am liebsten Männer entmannt.

Colapintos Ton zeigt, dass ihm die ganze Richtung nicht passt: die sexualwissenschaftliche und psychoanalytische Strömung – von Freud und Stoller bis Kinsey und Money –, die zur »sexuellen Revolution« sowie zur feministischen Relativierung der Kategorien Männlich/Weiblich beigetragen hat. All diese Wissenschaftler analysierten das Zusammenspiel zwischen der Bildung einer sexuellen Identität (nach innen) und der Oktroyierung einer Geschlechterrolle (nach außen) – und zogen den Schluss, dass dies vor allem Kultur und weniger Natur sei.

Der 1981 verstorbene Sexualwissenschaftler Robert Stoller schuf noch vor der Frauenbewegung, nämlich 1968, den Begriff Sex & Gender, womit das biologische Geschlecht und die Geschlechterrolle gemeint sind. Über zwanzig Jahre später adaptierte Judith Butler diese sexualwissenschaftlichen Kategorien für ihre feministische Analyse.

Colapinto jedoch ist, ganz wie Bruce'/Brendas sektiererische Eltern, am Verstehen solch komplexer Zusammenhänge nicht interessiert. Er ist ein Anhänger klarer Verhältnisse: Mann oder Frau! Der Autor behauptet, Money und Ehrhardt seien dogmatische VerkünderInnen der Alles-anerzogen-These gewesen. Doch auch bei rückblickender Lektüre lässt sich für diese Unterstellung kein Anhalt finden. Im Gegenteil: Die beiden zu ihrer Zeit zur Avantgarde der internationalen Sexualforschung zählenden WissenschaftlerInnen betonen in »Männlich, Weiblich« immer wieder die gegenseitige Bedingtheit von Biologie und Prägung. Und sie legen sehr genau dar, wie die Entwicklung der sexuellen Identität das Ergebnis einer komplexen »psychosexuellen Dynamik«, einer lebenslangen Wechselwirkung von Sex and Gender ist – was auch den heutigen Erkenntnissen der fortschrittlichen Wissenschaft entspricht.

Der Text erschien erstmals in EMMA im Januar 2016.

Brief an meine Schwestern

Alice Schwarzer

Anfang der 1980er-Jahre waren Transsexuelle, die vom Mann zur Frau geworden waren, in den Frauenzentren nicht willkommen. Ein Plädoyer aus dem Jahr 1984 für Toleranz.

Liebe Irene, als wir gestern Abend in unserem Stammlokal saßen, eigentlich für eine gemütliche Stunde, gerieten wir uns plötzlich politisch in die Haare. Zu unser beider Überraschung. Denn eigentlich sind wir uns in grundsätzlichen politischen Fragen fast immer einig. Wir kennen uns ja seit vielen Jahren, wir wissen, was wir voneinander zu halten haben. Unser Gespräch wurde rasch heftig, und wir mussten uns abrupt trennen, konnten nicht weiterreden. Darum heute mein Brief. Es geht mir immer noch um Transsexuelle.

Anlass unserer Differenz: Ich erzählte dir, dass *EMMA* die Kontaktanzeige einer Transsexuellen bringt, »Carmen (ehemals männlich)« sucht Freundin. Du fandest das reichlich daneben. »So was hat doch in *EMMA* nichts zu suchen. Das sind doch gar keine richtigen Frauen!« Ich war nicht deiner Meinung und versuchte dir zu erklären, warum. Das will ich jetzt noch einmal tun. Weil mir deine Meinung wichtig ist. Und weil ich weiß, dass du damit in der Frauenbewegung nicht allein stehst.

Vorweg: Das Fundament meines feministischen Bewusstseins ist und bleibt die Erkenntnis, dass »Weiblich-

keit« und »Männlichkeit« nicht angeboren, sondern anerzogen sind. Dass Frausein (und Mannsein) nicht Produkt
irgendwelcher Gene und Hormone, sondern das Resultat
einer zutiefst unterschiedlichen Erziehung, Prägung und
Lebensrealität ist. Wir werden nicht als Frauen geboren, wir
werden dazu gemacht. Beauvoirs Credo bleibt Kern jeder
feministischen Analyse.

Wollen wir sozial oder erotisch oder intellektuell oder
psychisch ausbrechen aus der Frauenrolle, stoßen wir auf
Widerstand, Spott und Gewalt. Wer weiß das besser als du
und ich, als wir Feministinnen?

Natürlich schafft das Rollendiktat es nie, Menschen,
die ja eigentlich individuell jeweils die ganze Palette von
»männlich« und »weiblich« zur Verfügung haben könnten, ganz festzunageln auf das eine oder das andere. Aber
es gelingt doch weitgehend, und wenn nicht, lassen die
inneren und äußeren Konflikte nicht lange auf sich warten. Denn: der Geschlechterdrill ist nicht nur äußerlich, er
steckt auch in uns, dringt uns unter die Haut, bis tief ins
Mark hinein.

Wir radikalen Feministinnen haben ebendiesen Zustand
als Einengung, als Verstümmelung erkannt. Unser Ziel ist,
in aller Schlichtheit und Vermessenheit, die Menschwer-
dung von Frauen und Männern. Endlich männlich und
weiblich in einer Person sein können und dürfen! Dafür
kämpfe ich.

Nicht immer geht unsere Auflehnung gegen die Halbie-
rung von Menschen in Männer und Frauen (und gegen die
Herrschaft der einen über die anderen) nur über den Kopf.
Oft haben wir ausbrechenden Frauen selbst Biografien, die
es uns erleichtern, das Aufgesetzte der Rollenzuweisung

zu erkennen, an den Stangen des Käfigs Weiblichkeit zu rütteln.

Nun gibt es aber darüber hinaus Lebensläufe und -bedingungen, die einen sehr frühen, sehr tiefen Zweifel in Bezug auf die geforderte Geschlechtsidentität pflanzen. Irgendeine Weiche ist »falsch« gestellt worden. Resultat: ein biologisch »männlicher« Mensch mit einer »weiblichen« Seele. Oder ein biologisch »weiblicher« Mensch mit einer »männlichen« Seele. Menschen also, die in ihrem Körper eine »falsche« Seele haben, die zwischen den Geschlechtern sind, Transsexuelle.

Diese Transsexuellen, von denen heute in der Bundesrepublik rund 3000 leben, haben nichts mit Transvestiten gemein. Transvestiten – Bezeichnung, die man gemeinhin auf Männer anwendet, die Frauenkleider tragen – lieben den Reiz der Kleider des anderen Geschlechts auf ihrem Körper, mit ihrem Körper selbst sind sie durchaus in Frieden. Transsexuelle aber wollen sich nicht »verkleiden«. Transsexuelle wollen nur eines: endlich ihren Körper in Einklang bringen mit ihrer Seele.

In unserer Gesellschaft gibt es eine Schublade »Frau« und eine Schublade »Mann«, dazwischen nichts. Darunter leiden nicht nur die Transsexuellen. Darunter leiden die meisten Frauen (und einige Männer). Für Transsexuelle aber eskaliert der Konflikt bis zur Neurose: Sie wenden sich selbstzerstörerisch gegen den eigenen Körper.

Die Existenz der Transsexualität beweist: Die Seele ist stärker als der Körper – sie bestimmt die Geschlechtsidentität. Der Körper ist nur Vorwand für diese Zuweisung.

Lebensläufe von Transsexuellen sind Schicksale. Heimlichkeit, Demütigung, Verzweiflung. Seit 1981 ist es in der

Bundesrepublik für eineN TranssexuelleN rechtlich möglich, die Identität zu ändern: Aus Karl wird nun auch im Ausweis Carmen, aus Michaela Michael.

Dass den meisten Transsexuellen der neue Ausweis nicht genügt, sondern dass sie auch einen »neuen« Körper wollen, ja ihnen das Voraussetzung zum Weiterlebenkönnen scheint – das ist schwerwiegend. In einer vom Terror der Geschlechtsrollen befreiten Gesellschaft wäre Transsexualismus schlicht nicht denkbar. Transsexualismus scheint mir der dramatischste Konflikt überhaupt, in den ein Mensch auf dem Weg zum »Mannsein« oder »Frausein« in einer sexistischen Welt geraten kann.

In diesem Konflikt haben Transsexuelle selbst keine Wahlmöglichkeit mehr: Ihr Hass auf den »falschen« Körper ist weder durch Argumente noch durch Therapien zu lösen. Transsexuelle sind zwischen die Räder des Rollenzwangs geraten. Einziger Ausweg scheint ihnen die Angleichung von Seele und Körper. Preis: die Verstümmlung des Körpers. Und: die Zerschlagung aller sozialen Zusammenhänge.

Seit Ende der 70er-Jahre nun sind Transsexuelle in Frauenzentren aufgetaucht, genauer: Frauen, die einst einen Männer-Körper und eine Männer-Realität hatten. Oft sind sie engagierte Feministinnen. Was mich nicht überrascht. Wer schließlich hätte schmerzlicher am eigenen Leibe erfahren, was es heißt, »keine richtige Frau« zu sein?

Der Feminismus scheint auch bei den Transsexuellen etwas ausgelöst zu haben. Die Frauen, die einst einen Männerkörper hatten, spielen weniger das Super-Weibchen und wagen mehr, auch in Hosen Frau zu sein.

Und die Männer, die einst einen Frauenkörper hatten,

werden mehr: Sei es, dass sie sich früher noch weniger getraut haben, ihren Konflikt offen zu machen; sei es, dass sich zunehmend Frauen in dieser extremen Art aus ihrer Rolle hinauskatapultieren wollen – die Zunahme ursprünglich weiblicher »Transis« scheint mir auf jeden Fall ein Ausdruck sich ändernden Bewusstseins …

In den Frauenzentren, vor allem in den Lesbengruppen, reagierten viele abwehrend auf die Transsexuellen. Nein, »solche« hätten in der Frauenbewegung nichts zu suchen, das wären ja gar keine richtigen Frauen, die hätten schließlich Jahrzehnte männlicher Sozialisation hinter sich …

Das war der Tenor heftiger, interner Debatten Anfang der 80er-Jahre. Inzwischen haben sich die einst Transsexuellen und jetzt Frauen zum Teil selbst organisiert. Sie geben sogar eine eigene Zeitung raus. Ich selbst war nie einverstanden mit der abweisenden Reaktion mancher Feministinnen. Mehr noch: Ich war und bin darüber empört! So wie über dich gestern Abend, Irene. Die hätten nichts »bei uns« zu suchen, sagst du und wendest dich ab.

Siehst du denn nicht, dass Carmen nicht nur eine Schwester ist wie alle anderen, sondern sogar eine, die zu uns herabgestiegen ist? Denn ein Mann, der Frau wird, hat einiges zu verlieren in einer Männergesellschaft, das weißt du doch nur zu genau. Und eine biologisch männliche Transsexuelle ist dann auch objektiv Frau, wenn sie Körper und/oder Pass geändert hat. Sie kann ihr Frausein von nun an ebenso wenig aufkündigen wie du und ich. Und wenn du sie nun zurückstößt, machst du genau dasselbe wie der Rest der Gesellschaft: Du denkst in den unerbittlichen Kategorien »Mann« und »Frau«.

Und darum sind Carmen, Michaela, Maria, Karin, sind

sie alle meine Schwestern. Und ich würde mir wünschen, dass sie in Zukunft auch deine Schwestern sind. Und dass du weiter mit mir kämpfst gegen Verhältnisse, die aus Körpern Gefängnisse machen, in denen nur maßgeschlagene Seelen Platz haben.

Der Text erschien zuerst in EMMA im Januar 1984.

Literaturhinweise

Till Randolf Amelung (Hg.): Irrwege, Analysen aktueller queerer Politik. Querverlag, Berlin 2019

Till Randolf Amelung: Transaktivismus gegen Radikalfeminismus. Gedanken zu einer Front im digitalen Kulturkampf. Querverlag, Berlin 2022

Marion Felder/Bernd Ahlbeck: Geboren im falschen Körper? Gender-Dysphorie bei Kindern und Jugendlichen. Kohlhammer, Stuttgart 2022

Susanne Schröter: FeMale. Über Grenzverläufe zwischen den Geschlechtern. Fischer, Köln 2002

Alice Schwarzer: Der kleine Unterschied und seine großen Folgen. S. Fischer, Frankfurt a. M. 1975, aktualisierte Neuauflage 2002

Kathleen Stock: Material Girls. Warum die Wirklichkeit für den Feminismus unerlässlich ist. Edition Tiamat, Berlin 2022

Abigail Shrier: Irreversible Damage. The Transgender Craze Seducing Our Daughters. Regnery Publishing, Washington 2020

Helen Joyce: Trans. When Ideology Meets Reality. Oneworld Publications, London 2021

Elterninitiativen

Parents of ROGD Kids:
www.parentsofrogdkids.com

Trans Teens Sorge berechtigt:
www.transteens-sorge-berechtigt.net

Genspect – A Voice for Parents With Gender-Questioning Kids
www.genspect.org

Feministische Initiativen

Fair Play für Frauen
www.fairplayfuerfrauen.org

Geschlecht zählt
www.geschlecht-zaehlt.de

MedizinerInnen

Society for Evidence Based Gender Medicine
www.segm.org
(Mit einer Sammlung internationaler Studien)

Alice Schwarzer: Transsexualität und Rollenirritation

Seite 15 Interview Judith Butler: »We need to rethink the catagory of woman«
https://www.theguardian.com/lifeandstyle/2021/sep/07/judith-butler-interview-gender
Der Guardian entfernte die zitierte Passage, nachdem öffentlich geworden war, dass die »Transfrau« im Wi Spa in Los Angeles ein verurteilter Sexualstraftäter war:
https://lithub.com/the-guardian-published-a-judith-butler-interview-and-then-deleted-a-part-that-condemned-gender-critical-transphobia/, abgerufen am 7.2.2022

Chantal Louis: Sex und Gender – ein Alarmruf

Seite 22 https://www.klinikum-bochum.de/fachbereiche/kinder-und-jugendmedizin/kinder-und-jugendmedizin.html, abgerufen am 3.2.2022

https://www.faz.net/aktuell/gesellschaft/menschen/interview-mit-aerztin-ueber-den-aktuellen-transgender-hype-16371774.html?premium, abgerufen am 31.1.2022

Seite 23 The Evolution of the Diagnosis of Gender Dysphoria Prevalence, co-occurring psychiatric diagnoses and mortality from suicide
https://www.transgendertrend.com/wp-content/uploads/2020/11/English-NBHW-report-002.pdf, abgerufen am 31.1.2022

Seite 26   Lisa Littman: Parent reports of adolescents and young
           adults perceived to show signs of a rapid onset of gen-
           der dysphoria
           https://journals.plos.org/plosone/article?id=101371/
           journal.pone.0202330, abgerufen am 31.1.2022

Seite 31   Zitat Karl-Heinz Brunner: Anhörung des Ausschusses
           für Inneres und Heimat am 2.11.2020 https://www.
           bundestag.de/dokumente/textarchiv/2020/kw45-
           pa-innen-selbstbestimmung-799838, abgerufen am
           1.2.2022

           Geschlechtsinkongruenz und Geschlechtsdysphorie
           im Kindes- und Jugendalter: Diagnostik und
           Behandlung: https://www.awmf.org/leitlinien/detail/
           anmeldung/1/ll/028–014.html, abgerufen am 1.2.2022

Seite 35   https://www.bundesverfassungsgericht.de/
           SharedDocs/Entscheidungen/DE/2017/10/
           rk20171017_1bvr074717.html,
           abgerufen am 1.2.2022

Seite 38   https://www.theguardian.com/society/2021/may/02/
           tavistock-trust-whistleblower-david-bell-transgender-
           children-gids, abgerufen am 1.2.2022

           Sue Evans: https://www.thetimes.co.uk/article/
           therapist-raised-alert-at-troubling-practices-at-
           tavistock-clinic-nfhsbb76n, abgerufen am 1.2.2022

Seite 39   https://www.spiegel.de/gesundheit/keira-
           bell-sie-wurde-als-frau-geboren-war-dann-
           ein-mann-und-ist-jetzt-wieder-eine-frau-a-
           018a3a45–0002–0001–0000–000177330662,
           abgerufen am 31.1.2022

Seite 40 TV-Dokumentation »The Trans Train«
Teil 1: https://www.youtube.com/
watch?v=sJGAoNbHYzk
Teil 2: https://www.youtube.com/watch?v=73-
mLwWIgwU
Teil 3: https://www.youtube.com/
watch?v=W3WqLT9NEnU

Seite 41 https://www.sbu.se/en/publications/sbu-bereder/
gender-dysphoria-in-children-and-adolescents-an-
inventory-of-the-literature/, abgerufen am 1.2.2022

https://segm.org/Sweden_ends_use_of_Dutch_
protocol, abgerufen am 1.2.2022

https://www.imabe.org/bioethikaktuell/einzelansicht/
transgender-schweden-stoppt-pubertaetsblocker-bei-
minderjaehrigen, abgerufen am 1.2.2022

Seite 42 Changement de sexe chez les enfants: »Nous ne
pouvons plus nous taire face à une grave dérive«
https://www.lexpress.fr/actualite/idees-et-debats/
changement-de-sexe-chez-les-enfants-nous-
ne-pouvons-plus-nous-taire-face-a-une-grave-
derive_2158725.html, abgerufen am 1.2.2022

Seite 44 Elie Van den Bussche: Detransition-Related Needs and
Support: A Cross-Sectional Online Survey
https://www.tandfonline.com/doi/full/101080/0091836
92021.1919479, abgerufen am 31.1.2022

Chantal Louis: Das Verschwinden der Frauen

Seite 47 https://www.theguardian.com/society/2018/oct/11/
karen-white-how-manipulative-and-controlling-

offender-attacked-again-transgender-prison, abgerufen am 30.1.2022

https://www.theguardian.com/uk-news/2018/oct/11/ transgender-prisoner-who-sexually-assaulted-inmates-jailed-for-life, abgerufen am 30.1.2022

Seite 48   Interview Tessa Ganserer: https://taz.de/ Transsexualitaet-und-Politik/!5783177&SuchRahmen= Print/, abgerufen am 1.2.2022

Seite 51   https://www.bsuh.nhs.uk/documents/support-for-trans-and-non-binary-people-during-pregnancy-birth-and-the-postnatal-period/#What_are_our_ goals_for_inclusive_care, abgerufen am 1.2.2022

https://www.bsuh.nhs.uk/maternity/wp-content/ uploads/sites/7/2021/01/Gender-inclusive-language-in-perinatal-services.pdf, abgerufen am 1.2.2022

Seite 52   The Lancet: https://nypost.com/2021/09/28/the-lancet-ripped-for-calling-women-bodies-with-vaginas/

Seite 54   Terf is a Slur – Documenting the abuse, harassment and misogyny of transgender identity politics: https:// terfisaslur.com/, abgerufen am 3.2.2022

Eve Ensler über die Vagina-Monologe: https://time. com/3672912/eve-ensler-vagina-monologues-mount-holyoke-college/, abgerufen am 31.1.2022

Seite 55   J. K. Rowling Writes about Her Reasons for Speaking out on Sex and Gender Issues: https://www.jkrowling. com/opinions/j-k-rowling-writes-about-her-reasons-for-speaking-out-on-sex-and-gender-issues/

Nachwort von Kerstin Gleba

Schon vor seiner Veröffentlichung, allein durch seine Ankündigung, hat das von Alice Schwarzer und Chantal Louis herausgegebene Buch Diskussionen ausgelöst, in der Öffentlichkeit und auch unter Verlagsmitarbeiter:innen.

Der Verlag hat die Streitschrift der beiden Herausgeberinnen, die als Autorinnen seit Langem – im Falle von Alice Schwarzer schon seit fast drei Jahrzehnten – mit dem Verlag verbunden sind, als einen wichtigen Beitrag zu einer notwendigen Debatte ins Programm aufgenommen. Der Anlass war die Ankündigung der neuen Bundesregierung, das Transexuellen-Gesetz zu novellieren, das vom Bundesverfassungsgericht 2011 als teilweise nicht verfassungskonform erklärt worden ist.

Dabei wissen wir wie die Herausgeberinnen, dass Transmenschen und Transsexuelle jahrzehntelang unter gesellschaftlichem Unverständnis, Ausgrenzung, Verachtung, Gewalt und auch unter einer diskriminierenden Gesetzeslage gelitten haben und leiden. Dass die Gesellschaft jetzt für diese Erfahrungen Auge und Ohr zu entwickeln beginnt und auch Veränderungen auf gesetzlicher Ebene anstößt, ist überfällig und begrüßenswert. Transmenschen führen einen Befreiungskampf von alten Geschlechterrollen, Diskriminierung und Marginalisierung. Sie wenden sich z. B. gegen eine Begutachtungspraxis mit einem Fragenkatalog, der von Betroffenen als demütigend empfunden wird. Transmenschen verlangen zu Recht, dass ihre Stimmen gehört werden und nicht allein Fachleute über sie und ihr Schicksal beraten. Dass ihre Identität respektiert und etwa ihr abgelegter Name nicht weiter benutzt wird, wenn sie es nicht wünschen.

In den aktuellen Diskussionen über Geschlechtsidentität prallen sehr grundsätzliche Betrachtungsweisen aufeinander. Die einen halten das biologische Geschlecht neben dem sozialen für eine konstitutive Größe, andere begreifen die Kategorien männlich und weiblich als Produkt performativer Sprechakte und stellen die auf der Biologie basierte Konstruktion der Zwei-Geschlechtlichkeit in Frage. Eine wichtige Diskussion, die allerdings oft sehr erhitzt geführt wird. Gegenpositionen und -argumente werden nicht immer sachlich diskutiert, sondern durch Verweis auf Beifall aus dem vermeintlich falschen Lager vor vornherein diskreditiert oder die Sprecher:innen ins gesellschaftliche Abseits gestellt.

Als Verlag verstehen wir uns als ein Forum für fortschrittliche gesellschaftliche Debatten, nicht als Sprachrohr für die eine oder andere Position. Aus der Reibung der unterschiedlichen Standpunkte ergeben sich Denkanstöße und neue Sichtweisen.

Seit beinahe 30 Jahren verlegt Kiepenheuer & Witsch die Bücher von Alice Schwarzer, zuletzt im Jahr 2020 »Lebenswerk«, den zweiten Teil ihrer Autobiographie. Mit ihren Büchern und Texten hat Alice Schwarzer sich stets eingemischt in aktuelle Debatten oder sie vorangetrieben, ist dabei oft angeeckt und hat in ihrer feministischen Aufklärungsarbeit sehr viel erreicht. Sie bezieht Position und streitet dafür.

Dieses Buch bietet einen Beitrag zur Debatte und beleuchtet den Standpunkt der Herausgeberinnen und der versammelten Betroffenen und Expert:innen zur aktuellen Diskussion. Es ist eine Einladung an alle Menschen, die Ausgestaltung der notwendigen Reform des Transsexuellengesetzes und weitere gesellschaftliche und politische Veränderungsprozesse zu diskutieren.

Kerstin Gleba ist Verlegerin des Verlags Kiepenheuer & Witsch.

In großer Offenheit schreibt Alice Schwarzer in »Lebenslauf«
über das, was sie geprägt hat: über ihr schwieriges Verhältnis zur Mutter, ihre Kindheit auf dem Dorf und die Jugend in
Wuppertal. Über den ersten Kuss, ihr Leben als Korrespon-
dentin und den euphorischen Aufbruch der Pariser Frauenbewegung. Über ihre frühen feministischen Aktionen gegen
den § 218 und den Skandal vom »Kleinen Unterschied« – bis
hin zur EMMA-Gründung.

ALICE SCHWARZER

LEBENSWERK

Alice Schwarzer berichtet über die großen Themen ihres Lebens, durch die sie über Jahrzehnte ein ganzes Land geprägt hat und noch prägt. Ihre Kämpfe gegen Gewalt an Frauen und Kindern, gegen die Männerjustiz, das Abtreibungsverbot, Sexismus, Pornografie und Prostitution, und für eine »Vermenschlichung der Geschlechter« sowie die Aufhebung der Arbeitsteilung zwischen Frauen und Männern sind legendär. Ihr Motto: »Die Hälfte der Welt für die Frauen – die Hälfte des Hauses für die Männer!«

Zum ersten Mal begegnet Alice Schwarzer in Paris Simone de Beauvoir 1972. Aus der politischen Zusammenarbeit wird eine persönliche Freundschaft. In den Jahren 1972 bis 1982 führt Alice Schwarzer fünf Interviews mit der bedeutendsten feministischen Theoretikerin des 20. Jahrhunderts.

Diese Gespräche gelten nicht nur als die persönlichsten, sondern erregten auch weltweit Aufsehen als Dokument einer politischen Wende. Die Weggefährtinnen sprechen über Politik, die Frauenbewegung und die Linke, über Liebe, Sexualität und Männer, über Leidenschaft und Alter.